조용한 하루

오수영

고어라운드

아득한 지난날을 미화한다.
얼룩을 지우는 시간의 흐름으로.

* 일러두기

- 작가 특유의 문체를 지키기 위한 비문이 포함되어 있습니다.
- 추가 설명이 필요한 짧은 글의 경우 각주를 덧붙였습니다.

순간과 기억

2020~2023

서문

 하루가 조용하게 흘러가는 동안에도 마음은 언제나 소란스러웠다. 그때마다 나를 사랑하던 어른이 해줬던 말을 떠올렸다. 사소한 일에도 지나치게 정성을 쏟는 사람은 결국 그 사소한 일의 변화와 상실로도 무수히 마음을 앓게 될 것이라고. 하필이면 나는 그 말만은 정확하게 지켜내며 그 사람처럼 마음이 취약한 어른으로 자라났다.

 어른의 삶을 살아가며 마주했던 수많은 상황과 생각이 나를 사로잡고 놓아주지 않았다. 시기마다 찾아오던 불안과 고민으로 위태로웠고, 사람의 마음이 버거워서 습관처럼 도망쳤으며, 과거의 후회와 미래의 걱정으로 현재를 소모했다. 인생을 과도한 정성으로 대할수록 마음을 앓게 된다는 건 생각할수록 억울한 일이었지만, 그렇다고 일부러 정성을 쏟지 않을 방법도 없었다.

결국 기댈 수 있는 건 시간의 흐름뿐이었다. 시간은 세정력이 탁월해서 마음의 얼룩을 무심히 지우며 흘러갔다. 그때는 너무 깊숙하고 절실했던 마음이라 생각했는데, 이제와 조각난 글들을 돌아보니 그토록 마음을 앓을 만한 문제는 아무것도 없었다. 말 그대로 평범하고 조용한 날들이었으나, 나만 홀로 생각의 우물에 갇혀 유별나게 소란한 날들을 보냈다.

그때의 오래된 생각과 고민의 조각들을 한곳에 모았다. 내게는 이미 열기를 잃은 지난날의 조용한 기록들이지만, 우연히 누군가의 손에 펼쳐지고 약간의 생각과 마음을 보탤 수 있다면, 흘러간 나의 시절도 늦게나마 새로운 의미를 찾게 될지도 모를 일이다.

마음이 취약한 어른은 여전히 이렇게 종이 뒤에 숨은 채로 투정을 부린다. 언젠가는 그 투정도 종이 뒤를 벗어나 세상을 정면으로 마주할 용기가 될 수 있을까. 오늘도 그날을 기다리며 이렇게 기록을 남긴다.

2023년 가을
오수영

1부. 조용한 생각

서문	8	계절의 사물들	38
행복의 구성	15	유월의 마음	39
이국의 거리에서(1)	16	집밥	40
휴식의 예감	17	소원의 순서	43
삼청로30, 미술관 앞	19	원점	44
타인의 일상	22	마음의 공원	46
바다의 풍경	23	시간과 마음	48
오래된 말씀	25	사과의 그물	49
사막의 선인장	27	문장의 경로	50
오늘의 문장	29	개운한 아침	52
파주와 나	32	이국의 거리에서(2)	53
일상의 맷집	33	책과 사람	55
등의 곡선	35	문턱의 초입	58
경쟁의 되풀이	36	눈 내리는 밤	60

2부. 조용한 마음

기억의 파도	65	세상의 속도	90
바람 부는 길	66	귀마개	92
사랑의 흔적	67	첫눈	94
작품과 인생	69	도서관	95
설원의 발자국	71	미래의 흔적	97
생각의 심연	73	다음의 시간	98
몽상의 의미	75	사람의 뒷모습	100
자기소개	77	물방울 화가	101
일상의 장막	80	유영하는 밤	102
길고 검은 차	82	중심축	105
우리 두 사람	84	몰아 쓴 시간	106
위태로운 길목	85	예술병	108
빗소리	87	거창함	109
기도	88	기다리는 마음	110
기억의 성질	89	겨울의 온기	112

# 3부. 조용한 변화

파도의 질문	115	멈춤의 시간	135
절반의 감정	117	숲길	136
이국의 거리에서(3)	119	한낮의 산책	137
방랑하는 삶	121	초기화	139
몸이 보낸 신호	123	회복의 다짐	140
산책의 다짐	125	상자의 풍경	142
우연과 노력	127	산책의 마음	144
자화상	129	루틴의 행복	153
몸의 시간	130	조용한 대답	155
정직한 예감	132	지난날	156
사람의 일	134	산책자의 발자국	157

1부

조용한 생각

행복의 구성

 행복은 반드시 커다란 자극으로만 이뤄진 감정이 아니었다. 한 번의 성과가 탁월할수록 행복에 가깝다고 믿었던 시절도 있었지만, 돌이켜보면 행복은 한 번의 거대한 파도가 아니라 크기와는 상관없이 잔잔하게 지속되는 물결이었다. 작은 일들이 쌓여야 비로소 행복이 되는 것은 아니었고, 작은 일들은 쌓이지 않아도 그 자체로 저마다의 행복이었다. 일상이 꼭 행복으로 가득할 필요도 없었지만, 행복이란 눈앞의 성취이자 성과일 것이라 착각했던 날들.

 나는 내게 너무도 혹독했다.

이국의 거리에서(1)

와이키키 해변에 내려앉은 불안과 평온을 멀리서 바라본다. 전염의 시대 속에서 사람들은 서로 조심하며 걸었지만 일생 최대의 환상과 행복을 포기할 수는 없었다. 서로의 몸이 닿는 것을 경계하면서도 해변과 바다가 만들어 내는 비현실적인 아름다움 앞에서 사람들은 무방비 상태가 되었다. 낙원이라는 말보다 더 정확한 말이 떠오르지 않는 곳. 현실을 완전히 망각할 수 있는 모든 조건이 갖춰져 있고, 사람들은 영원히 이곳에 머물 것처럼 자유분방하다. 저만치 멀리서 그림자가 다가오고 있다지만 그런 사소한 불안 따위는 이곳의 환경에 실례가 되는 것처럼. 불안과 평온은 서로를 떼어놓고 말할 수 없다. 그것들은 서로를 갉아먹으며 무럭무럭 자라난다.

---

* 2020년 3월의 하와이. 한국의 코로나 확산은 잠시 진정되고 있었지만 미국은 그때가 확산의 초입이었다. 그해 3월을 끝으로 인천-호놀룰루 노선은 19개월 동안 취항이 중단되었다.

휴식의 예감

 예정에 없던 긴 휴식이 불쑥 찾아왔다. 물론 이렇게 예기치 못한 상황으로 쉬게 될 줄은 몰랐지만, 승무원 생활을 시작한 이후로 줄곧 바라오던 시간이었다.

 그런데 막상 무엇이든 계획할 수 있는 시간과 마주하니 조금은 막막하기만 하다. 한순간도 허투루 보내지 말자고 결연한 마음으로 빼곡하게 노트를 채웠지만 오랜만의 규칙적인 생활이 아직은 어색할 따름이다. 나라는 사람의 고유한 루틴이 그동안 불규칙한 비행 생활에 익숙해진 까닭인지 이제는 한곳에 머무르는 일상이 내가 아닌 다른 사람의 삶을 대신 사는 것처럼 느껴진다.

 남들과 비슷한 시간에 하루를 시작하고, 비슷한 시간에 하루를 정리하며 규칙적인 일상을 연습한다. 출퇴근길의 북적임마저 평온하게 느껴지는 걸 보면 그동안 내가 보통의 일상과 얼마나 동떨어진 삶을 살았는지 알 것도 같다.

이 휴식이 얼마나 길게 이어질진 알 수 없지만 그래도 올여름쯤에는 우리를 둘러싼 모든 상황이 지금보다는 훨씬 나아지지 않을까. 우선 그날이 올 때까지는 한가롭게 집에서 그동안 못 썼던 글이나 쓰면서 지내야겠다. 어차피 지금은 사람을 만나기도 어려운 시기이니까.

---

* 2020년 4월. 코로나 팬데믹에 직격탄을 맞은 국내 항공사는 '순환 휴업'에 돌입했다. 매달 비행 근무를 하던 승무원들이 차례대로 번갈아 근무하는 방식이었다. 반년에 한 달씩 근무하는 것으로 시작된 순환 휴업은 그로부터 3년 뒤인 2023년 5월까지 이어졌다.

삼청로 30, 미술관 앞

팬데믹으로 서로가 단절되고 고립되었을 때, 사람들은 모처럼 타인이 아닌 자신에게로 눈을 돌리고 귀를 기울였다. 자신을 어루만지는 낯선 고독의 손길이 실은 불안과 공포가 아닌 스스로 건넬 수 있는 최대치의 위안이었다는 걸 그때는 모른 채 살았다. 범람하는 소란과 말들 사이에서는 좀처럼 들리지 않던 내면의 목소리. 이제는 옛 시대의 철 지난 화두처럼 외면받는 그 내면의 목소리가 그때는 낯설게만 느껴졌다.

국립현대미술관을 방문해 '삼청로 30, 미술관 앞'이라는 커다란 책을 발견한 건 말 그대로 우연이었다. 알고 보니 그 책은 팬데믹 시절에 미술관과 설치미술가인 양혜규 작가가 기획한 공공 프로그램의 결실이었다. 비대면 상황으로 사람의 온기를 느낄 수 없던 그 시절에 사람들의 시선은 예정된 것처럼 자신의 마음으로 향했고, 그 마음과 기획이 만나 각기 다른 이백 명의 사람들의 편지가 우체부를 통해 미술관으로 보내졌다.

나는 전시된 그 책 앞에서 한참을 떠날 수 없었다. 다리가 아픈 줄도 모르고 책장을 넘기며 사람들의 사연을 읽었다. 누군가의 꾸밈없는 속마음이 빼곡하게 적힌 손 편지를 읽는다는 건 그 사람과 실제로 대면하는 느낌이었다. 각기 다른 글씨체와, 각기 다른 마음들. 지독히도 길었던 팬데믹도 어느새 멀어졌지만 이제와 그 시절의 편지를 읽으며 그때 우리가 품었던 마음들은 외로웠지만 다정했다는 걸 새삼 깨달았다.

사람들은 누구나 고독과 눈을 마주칠 때 비로소 자신의 이야기를 풀어내는지도 모른다. 누군가 강요하지 않아도, 누구로부터 배우지 않아도, 우리는 본능적으로 플롯을 만들고 다듬으며 자신만의 이야기를 전한다. 다만 자신에게 침잠할 차분한 고독이 없었을 뿐, 말들의 홍수와 타인의 소란 속에서 자신의 이야기를 건져 올릴 여유가 없었을 뿐, 사람은 누구나 스토리텔러의 기질을 품고 있다.

게다가 자신의 이야기를 편지라는 형식을 빌려 풀어내다 보면 결국 자아 성찰의 길로 향한다. 타인에게 부치려 한 편지도, 자신만 간직하려 한 일기도, 쓰다 보면 끝내 참회록이 된다. 끊임없이 자신에게 말을 걸고, 어떤 감정과 생각에 대해 되묻고, 반성을 반복하게 된다. 모두에게 같은 주제를 던져도, 모두가 전혀 다른 이야기를 풀어낸다는 건 그 자체로 경이로운 일이 아닐까.

생각해 보면 편지나 일기만큼 친밀한 문학 장르도 없는 듯하다. 우연히 발견한 책 덕분에 잠시나마 사람과 마음에 대해 헤아려 보던 날이었다.

타인의 일상

 가끔은 날마다 소셜미디어 속 타인들의 소식을 구경하는 시간이 쌓여 내 삶에서 내가 완전히 밀려날지도 모른다는 생각에 사로잡힌다.

 일상이 통제력을 상실하면 범람하는 타인들의 소식과 그 틈을 비집고 촉수를 꽂는 광고들의 홍수에 쉽게 휩쓸린다. 그렇게 내 삶에서 나는 유실되고, 그 빈자리에 실체 없는 낯선 사람들과 정보들의 잔영만 남을 것 같아서. 껍데기만 남은 그때의 나는 무엇을 잃은 채로 살았는지 기억조차 할 수 없을 것 같아서.

 그래서 조금 더 유별나고 이기적인 사람이 될지라도 숱한 소식들과 적당히 멀어지기로 한다. 누군가의 소식을 실시간으로 알 수 없는 불편함과 유행하는 정보에서 도태되는 소외감은 순간적이겠지만, 잃어버린 나를 서서히 되찾아 가는 충만함은 몸이 기억하는 영원한 감각이 될 것이라 믿는다.

바다의 풍경

 해변과, 바다와, 하늘. 제각기 분리된 부분인 듯하지만 바다를 생각할 때는 어느 한 부분만 떠올리지는 않는다. 어디서부터 어디까지. 경계를 명확하게 나눌 수는 없어도, 바다는 모든 부분을 포괄한 하나의 풍경으로 기억된다.

 바다를 담은 그림을 보는 순간 사랑의 감정을 닮았다고 생각했다. 만남으로부터 작별까지의 수많은 경계가 애매하고 모호한 사랑의 생애도, 돌이켜보면 특정한 한 장면만 떠오르기보다는 하나의 연결된 이미지로 기억되는 것처럼.

 분리되어 서로 관여하지 않는 듯 보이는 삶의 많은 부분도 실은 끝없이 이어진 하나의 고리일지도 모른다. 눈으로 확인할 수 없을지라도, 지금은 동떨어진 부분처럼 보일지라도, 언젠가 불현듯 서로의 연결을 알아챌 날이 찾아오기도 할 것이다.

인생의 깊이가 없는 풋내기에 불과한 지금이지만, 그럼에도 계속해서 마음의 풍경을 탐구하고 문장으로 옮기며 살아가고 싶다. 바다가 해변과 마주친 찰나의 순간을 기억하는 마음으로, 사랑의 당사자들이 흘러간 장면을 그리워하는 마음으로.

 그렇게, 끝임없이.

---

* 허승희 작가의 <바다 NO4>(Acrylic on Canvas, 65X91cm, 2019)

오래된 말씀

어린 시절 우리 집 벽 한편에 걸어놓은 커다란 액자 속에는 스님의 말씀 몇 구절이 잠들어 있었다. 맞벌이 집안의 외동으로 태어나 혼자 집에 머무르는 날이 대부분이었던 나로서는 언제나 눈에 띄는 그 구절들을 마주쳐야만 했다. 초등학생 어린이가 그 말씀의 어느 구절이라고 해서 조금이라도 이해할 수 있었을까 싶지만 유난히 고개를 갸우뚱하게 만드는 구절이 있었다.

사람이 잘나갈 때를 조심하라.

사람이 잘나가는데 왜 조심해야 한다는 것일까. 절에서 인쇄를 맡길 때 어떤 실수가 있었던 게 아닐까. 잘나간다는 건 좋은 일인데. 어린아이는 입안 가득 과자를 욱여넣으며 그런 생각들을 했었다.

그 시절 엄마는 늘 내게 그 말씀을 따라서 칭찬을

경계하고 겸손해지라는 말을 했었다. 당시에는 화가 좀 났었다. 축하받을 일이 그리 많지 않았던 나의 유년 시절에 잠시나마 행운처럼 칭찬받을 일이 생기면 나는 그 찰나의 시간과 기분을 만끽하고 싶었으니까.

누구에게나 그런 순간이 찾아오는 걸까. 이 정도면 남들보다 잘하고 있다며 오만해지는 순간. 자신보다 걸음이 조금 느린 사람들의 표정을 외면한 채 앞선 사람들의 뒷모습만 쫓게 되는 순간. 과거를 잊은 채 상황이 달라진 만큼 태도도 달라질 수밖에 없다는 자기모순에 빠져드는 순간. 그리고 그 모든 변화를 어른이 되는 과정이라는 성장통의 틀 안에 뭉뚱그려 넣으려는 순간.

사람이 잘나갈 때를 조심하라.

이제 나는 그 구절을 그때와 다르게 해석한다.

사람이 잘나갈 때를 조심하라.
그리고 무엇보다 너 자신을 조심하라.

사막의 선인장

 언젠가 스스로 사막의 선인장 같은 사람이라고 여기던 때가 있었다. 상처받기 쉬운 여린 마음이니 뾰족한 가시들로 나를 미리 보호한다는 어리석은 자기 위안을 일삼으면서. 날마다 알몸으로 모래바람을 맞는 것처럼 쉴 새 없이 온 마음이 따끔거리는 날들이었다.

 그 시절에는 먼저 내게 다가오는 사람도, 내가 먼저 다가가는 사람도 결국은 모두 가시투성이가 되었다. 가시에 찔리지 않는 유일한 방법은 멀리서 서로를 지켜보는 것뿐이라는 걸 알면서도 우리는 서로를 깊숙이 끌어안으며 주저 없이 상처받았다. 그렇게 나를 보호하려던 가시가 상대방을 관통한 모습을 지켜보며 나는 슬픔과 고독의 발걸음으로 사막을 떠나왔다.

 그 후로 나는 사막도 선인장의 존재도 잊고 살았다. 어쩌면 세월의 흐름에 뾰족한 가시도 많이 무뎌

졌을 것이라 믿으면서. 이제는 누구도 나를 찌를 수 없고, 나 또한 누군가를 찌르지 않으리라는 섣부른 안심으로.

하루는 마음이 유독 따끔거려 셔츠를 벗어보니 놀랍게도 거꾸로 자라난 가시가 나를 찌르고 있었다. 더는 가시가 자라지 않는 사람이 된 줄 알았는데 순전히 나의 착각이었던 걸까. 어쩌면 무방비로 내게 다가온 당신을 염려하는 마음 탓이었을까. 혹시나 나로 인해 당신이 상처투성이가 될지도 모른다는 불안이 가시를 억눌러 안으로만 자라게 했을지도.

문득 모래 냄새가 진동하는 듯했다. 오래전 사막을 떠나왔다고 믿었는데 알고 보니 나는 여전히 그 중심에 있었고, 아닌 척 해봐도 별수 없는 선인장이었다. 다만 지금은 그때처럼 무작정 도망치기보다는 조금은 다른 결심을 한다.

만약 나의 성격과 기질이 혹은 나의 삶이 누군가를 찌를 수밖에 없는 가시라면 어떻게든 당신이 아닌 내가 과녁이 되고 싶다고. 나는 온몸에 돋은 가시를 모두 안으로 품어내서라도 가시가 당신을 향하게 하는 일만은 막아낼 테니, 당신은 부디 지금처럼 상처 없는 맑은 모습으로 나를 안아주기를.

오늘의 문장

 세상을 적당히만 알고 싶다고 적었던 문장을 읽었다. 세상 이야기를 반 정도만 받아들이고 나머지 반쯤은 외면한 채 살아가고 싶었던 철없는 마음이었을 것이다. 세상을 너무 많이 알게 되면 정작 내가 좋아하는 것들보다 내게 절박한 것들만을 가까이 둘 것이라는 두려운 예감을 했던 걸까.

 안타깝게도 예감은 틀리지 않았다. 살다 보니 공교롭게도 너무 많은 세상의 이야기에 관여하며 그대로 받아들이고 있다는 것을 알게 되었다. 일상이 세상 이야기에 뒤덮이니 삶이 나의 생각과 감정보다 다른 사람들이 이끄는 방향으로 자꾸만 경로를 벗어나고 있었다.
 생각대로 살아간다는 건 불가능할지도 모르지만, 좋아하는 것과 바라는 것에서 완전히 등을 돌리는 삶을 상상해 본 적은 없었다. 세상 이야기에 귀를 기울일수록 조급해지고 초조해지는 마음을 어떻게 다

스려야 할지 몰라서 난감할 따름이지만, 그럼에도 나의 마음을 외면하기 시작하면 돌이킬 수 없을지도 모른다.

여전히 세상을 적당히만 알고 싶다고.
오늘도 이렇게 적었다.

파주와 나

　파주에 오면 예전의 나와 마주치게 된다. 혼자만의 놀이에 무엇보다 열중했던 그 시절의 나를. 그래서 삶에 치여 내가 어떤 부류의 사람이었는지 기억이 아득해질 때면 이곳을 찾는다. 특별한 일이 없어도 책 냄새 가득한 이곳의 거리를 걷다 보면 놀랍게도 마음이 정화된다.

　어제를 뒤로하고 이제는 당분간 일터로 돌아가야 할 시간이다. 덕분에 그동안 서두르던 원고 작업도 시일을 조금 미루게 됐지만 그래서 오히려 안심이 된다. 나는 늘 조급할 때 일을 그르치는 사람이니까. 일상의 균형이란 아마도 투정 섞인 다짐과 결심의 무한한 반복 속에서 우연히 성립되는 어떤 것이 아닐까.
　사랑한다는 말은 어쩌면 최후의 언어라서 끝까지 아껴두고 싶지만, 나는 언제나 나를 정화하고 일깨워 주는 이 도시를 사랑할 수밖에 없다. 사랑하는 도시의 거리를 서성이듯 한참을 걸었으니, 이제 얼마간은 또다시 단단하게 삶을 살아갈 수 있을 듯하다.

일상의 맷집

 비행의 일상으로 돌아온 어제는 많은 비가 내렸다. 하늘에서 떨어지는 것들을 바라보며 하염없이 생각에 잠길 수 있는 오래도록 기다려 온 장마의 시작이었다. 날씨는 습했지만 일상을 둘러싼 환경은 건조할 따름이었는데, 때마침 메일함에는 지난 주말에 참여했던 북페어 팀에서 보내준 사진들로 가득했다. 일상의 타성에 밀려 주말의 여운이 희미해질 무렵 받아 든 사진들이 나를 자꾸만 흘러간 시간에 잡아두려 했다.

 일상의 많은 시간을 창작과는 전혀 상관없는 곳에서 보내는 내게 출판 활동은 어찌 보면 작고 사소한 부분일지도 모른다. 하지만 그 작은 부분이 나머지 큰 부분을 떠받치는 위태로운 균형도 버팀목이 단단하면 좀처럼 쓰러지지 않는다. 비록 안정적인 형태는 아니지만 불안한 상태로 끝 없이 이어가는 신기한 맷집이 단련된다. 그 맷집을 믿고 이제는 잠깐의 앓는 소리 정도면 다시 묵묵하게 일상을 살아갈 수 있게 됐으니, 그렇다면 나는 이 위태로운 균형에게 고맙다는 말을 전해야 할까.

물론 언젠가 균형이 무너지는 날이 찾아올 수도 있겠지만, 그날이 온다면 부디 나의 준비된 선택에서 비롯된 일이길 바랄 뿐이다. 그 마음을 조용히 가슴에 품은 채 오늘도 다시 한번 숨을 크게 쉬고 출근길 넥타이를 조여 맨다.

등의 곡선

　사람들의 뒷모습을 바라보고 있으면 마음이 차분해진다. 세월이 흐를수록 얼굴이 성격을 닮아간다면 등은 그 사람의 정서를 품는다. 등이 올곧다고 해서 그 사람이 부끄러움 없는 생을 살아온 것도 아니고, 굽었다고 해서 뒤틀린 삶을 살아온 것도 아니다. 등의 곡선은 절벽이 파도에 의해 오랜 시간에 걸쳐 풍화되는 것처럼 개인의 역사가 켜켜이 쌓인 일탈의 아름다움이다. 앞모습에 세월이 찾아오면 인위적으로 막아보려는 노력을 하지만 뒷모습의 세월까지도 인위적으로 매만지려는 사람은 많지 않다. 그래서 등은 사람의 역사를 고스란히 보여주는 거울에 가깝다.

경쟁의 되풀이

지각 인생을 살더라도 자존감을 잃지 않는 사람들을 보면 인간의 숭고함을 느끼게 된다.

남들보다 늦게 시작했다는 이유로 서둘러 앞선 사람들을 추월해야 한다는 조급함이나, 늦었으니 결코 그들과 함께 달릴 수 없다는 패배감에 사로잡히기보다는, 어차피 늦은 만큼 조금 더 여유를 갖고 앞선 그들을 길잡이 삼아 묵묵히 자신의 속도를 유지하는 너그러운 태도를 본받고 싶다.

결승선이 명확하게 존재하지 않는 인생에서 누군가를 추월해도, 누군가에게 추월을 당해도, 모든 건 영원하지 않고 되풀이되는 한순간일 뿐인데, 그 순간 감정의 진폭이 너무도 강렬해서, 우리는 결국 자신의 속도를 외면한 채 무리하게 된다. 남들만 의식하다 정작 자신의 마음이 가난해지는 줄도 모르는 채로.

모두가 같은 곳을 향해 같은 속도로 질주하며 행복을 추구한다는 건 터무니없는 말처럼 들리지만, 어쩌면 우리는 대부분 그렇게 평범한 삶을 살고 있는지도 모른다. 그 대열 속 행복도 있고, 대열을 이탈한 행복도 있겠지만, 언젠가 대열을 의식하지 않을 때 진정한 내 몫의 행복이 결정되지 않을까.

계절의 사물들

 오늘은 창고에 보관해 둔 선풍기를 꺼내 먼지 쌓인 날개를 닦았다. 일 년 동안 먼지는 이만큼 쌓이는구나. 새카맣게 묻어나는 먼지가 어쩐지 흘러간 시간의 형태처럼 느껴졌다.

 어쩌면 날씨의 변화보다 계절의 사물들을 준비하고 보관하는 과정에서 시간의 흐름을 절감하는지도 모른다. 계절마다 보관해 둔 얇거나 두꺼운 이불을 꺼내면서, 반팔이나 패딩을 꺼내면서, 선풍기나 온수매트를 꺼내면서, 그리고 어느새 그 사물들을 다시 보관하면서 무심한 시간의 속도를 떠올리는 것처럼. 그렇다면 한국처럼 사계절이 존재하고, 계절의 기온 차가 심한 나라일수록 더 많은 계절의 사물들이 필요할 텐데, 그럴수록 더 자주 시간의 흐름을 체감하며 살아가는 건 아닐까.

 일 년 만에 튼 선풍기 바람을 맞으며 부질없는 상념에 잠긴다. 시간은 지치지도 않는구나. 올해도 어김없이 또 한 번의 여름이 찾아왔다.

유월의 마음

 유월이 흘러 다시 칠월이다. 달력은 달력일 뿐이지만 세월의 발자국인 탓일까. 매해 유월이 되면 나는 조금 조급해진다. 이대로 칠월을 맞이하기에는 설익은 기분을 알까. 시간은 늘 정해둔 기준의 절반을 넘는 순간부터 쫓기듯 달아난다. 유월이 지나면 달력 몇 장이 사라진 것처럼 연말이 불쑥 다가오곤 하니까. 유월은 반년만의 비행 근무로 정신없이 바깥의 삶을 살았다면, 이제 다시 책상 앞에 앉아 내면의 삶을 기록할 차례이다. 세상의 소란을 잠시 외면한 채 가장 나다울 수 있는 시간. 한 해의 절반을 넘겼다는 핑계로 새롭게 마음을 조여둔다.

집밥

 늦잠을 자고 있는데 누군가 방문을 두드렸다. 아침잠이 많은 나는 반쯤 잠에서 깬 몽롱한 상태로 다시 눈을 감았다. 이 시간 만큼은 누구에게도 방해받기 싫었는데. 그런데 이번에는 내 이름을 부르는 소리가 들리더니 이내 방문이 열렸다. 엄마였다. 엄마가 앞치마를 입고 웃으며 나를 바라보고 있었다.

 몇 시까지 잘 생각이야. 밥 차렸으니 얼른 일어나.

 열린 문 너머로 식탁이 보였다. 평소처럼 단출한 음식이 차려져 있었다. 방금 끓인 된장찌개와, 정갈하게 놓인 두부조림과, 몇 가지 집 반찬이 작은 식탁에 둥글게 모여 있었다. 평소와 같았다면 나는 안 먹는다며 다시 이불 속을 파고들었겠지만, 오늘은 단숨에 정신이 차려졌다. 식탁으로 걸어가는 나를 엄마는 생기 넘치는 얼굴로 계속해서 바라봤다. 엄마한테 무슨 좋은 일이라도 생긴 걸까.

알람 소리에 눈을 떴다. 꿈이었다. 출근 준비를 해야 할 시간이었지만 정신이 들지 않았다. 엄마가 세상을 떠난 후 처음으로 꿈에 나온 것이었다. 보통은 꿈을 기억하지 못하는 편이지만 오늘은 잠에서 깬 뒤에도 꿈이 생생했다. 아니, 어떻게든 그 짧은 순간을 잊지 않으려 눈을 질끈 감고 온 신경을 집중해 꿈을 떠올렸다.

생각해 보니 엄마는 오랜 병을 앓기 시작한 이후로 언제나 내게 밥을 차려주는 것이 소원이라고 했었다. 늘 그 당연한 일을 해주지 못해서 엄마로서 미안하고 속상하다고 했었다. 그래서 마침내 아픔이 없는 세상에서 오랜 소원을 이루고자 내 꿈에 잠시 들렀던 걸까.

해몽을 찾아보니 세상을 떠난 사람이 차려준 밥을 먹는 꿈은 흉몽이라고 하던데, 그런 건 다 상관없다. 엄마에게 말 한마디 전할 수 있다면, 덕분에 따뜻한 밥 한 끼 잘 먹었다고 말하고 싶다. 엄마가 웃는 만큼 나도 환하게 웃는 얼굴로 그렇게 말하고 싶다.

세상에는 과학으로는 설명할 수 없는 일들이 너무도 많은데, 보통은 그런 일들이 우리를 다시 일어서게 한다.

한참을 누워있고 싶은 생각이 가득하지만, 이제 다시 출근할 시간이다. 오랜만에 집밥을 먹은 것처럼 든든한 아침이다. 내가 잘살고 있는진 모르겠지만, 우선은 힘내서 잘 다녀올게요.

소원의 순서

 달에게 오직 자신을 위한 소원만 비는 사람이 얼마나 될까. 물론 어릴 적에는 그랬을지도 모르지만 나이가 들수록 소원의 순서가 바뀐다. 자신을 위한 소원은 점점 뒤로 밀리다가 급기야 소원에서 사라지기도 한다.

 자신이 예전보다 덜 중요해져서는 아닐 테고, 아마도 자신보다 더 중요한 사람이 생겼나 보다. 그래서 동그랗게 차오른 달의 표면에 누군가의 얼굴을 그려 넣으며 한참을 그 사람과의 추억에 잠겨보기도 하는 것일 테지.

 달에게 비는 소원이 미신이라는 걸 모르는 사람이 있을까. 알면서도 단지 누군가를 위해 욱여넣은 그 귀한 마음을 믿을 뿐이다. 수많은 사람이 밤하늘의 같은 곳을 바라보며 서로 다른 누군가를 위해 간절해진다. 그때의 밤하늘은 별보다 많은 사람의 얼굴로 가득하다.

원점

 눈을 뜨면 나태가 나를 반기는 요즘이다. 어느새 나태는 벌어진 일상의 틈 사이를 비집고 들어와 곳곳에 달라붙어 있다. 분명 오래도록 기다렸던 긴 휴식이지만 불쑥 찾아온 나태가 낯설기만 하다. 나태해져도 괜찮아. 속으로 타일러 보지만 이내 나는 끈적하게 달라붙은 나태를 떼어내려 안간힘을 쓰고 있다.

 언젠가 사람들 앞에서 이런 다짐을 했다. 앞으로는 강박으로 살지 않고, 조금씩 나태해지는 연습을 할 것이라고. 그렇게 조금 내려놓다 보면 늦게나마 강박으로 놓쳤던 삶의 부분들을 되찾을 수 있게 될 것이라고. 하지만 나는 여전하다. 강박의 습관이 최소한의 나태조차 밀어내고 있다.

 성실함과 나태함은 옳고 그른 이분법으로 나눌 수 없다. 모든 것이 적당하면 약이 되지만 과하면 독이 된다는 진부한 말처럼. 성실함은 미련함을 닮았고,

나태함은 느긋함을 닮아있다. 지금의 삶이 어떤 모습일지라도 오래전부터 그 둘 사이의 균형을 찾고자 부단히도 노력해 왔는데.

하지만 다시 원점이다. 여기서부터 다시 시작해야 할 것 같다. 모두를 관통하는 정답은 없겠지만 나만을 위한 균형은 분명히 있을 것이라는 믿음으로. 지루한 강박과 낯선 나태에게 손을 한 쪽씩 맡기고 서서히 다시 몸을 일으켜 본다.

마음의 공원

바쁘다는 핑계로 좋아하는 일들이 멀어지기 시작하면 나는 조급해진다. 서둘러 뒤쫓지 않으면 전부 놓쳐버릴 것 같아서. 그래서 조금의 여유라도 생기면 내가 편애하는 것들에만 매달린다.

잠깐이나마 책을 읽거나, 음악을 듣거나, 메모를 남기거나, 산책을 하거나, 운동을 하거나 등등의 대수롭지 않은 일들. 그 어떤 것에도 탁월한 요령은 없지만 나는 그것들과 함께일 때 가장 나다운 사람이 되고, 그것들로부터 멀어지면 불쑥 공허해지곤 한다. 특별할 건 없지만 전부 이유 없이 시간을 쏟으며 아껴온 것들이다.

근사하고 활동적인 삶은 왠지 나와는 어울리지 않는 것 같고, 애써 다른 사람을 흉내 내려 할수록 모습이 우스워진다. 그래서 이유없는 강렬한 끌림으로 이뤄진 재미없는 나의 테두리가 더욱 소중하게 느껴지는 요즘이다. 그 테두리 안에서 나는 잠시나마 조급함과 멀어진 평온한 사람이 된다.

언젠가 이 테두리를 일상의 무게로부터 지켜내기 힘들어지거나, 어쩌면 흔쾌히 스스로 내어줄 날이 찾아올지도 모르지만, 그때까지는 이렇게 여유가 필요할 때마다 잠시 들러 쉴 수 있는 마음의 공원으로 간직하고 싶다.

시간과 마음

시간은 바쁠수록 확장되고 한가할수록 축소된다. 바쁠 때는 동시에 해낼 수 있던 그 많은 일들도, 한가할 때는 단 하나를 감당하기에도 역부족이다. 때로는 분침과 초침 사이에 갇힌 분주한 사람이 시간에 구애받지 않는 느긋한 사람보다 더 많은 일을 성공적으로 해내는 것처럼. 사람의 마음이란 얼마나 변덕스러운지 상황과 조건이 조금만 달라져도 전혀 다른 마음의 태도로 세상을 대한다. 한가할 때도 시간을 확장하려면 어떤 마음가짐을 가져야 할까. 물론 이 또한 내 삶을 스스로 옭아매는 일이 되겠지만.

사과의 그물

 한번 뱉은 말은 주워 담을 수 없다는 이유로, 이미 늦었다는 이유로 그대로 방치할 때가 많다. 하지만 때로는 새로운 말을 보태는 방식으로 뱉어진 말을 거둬들일 수도 있다.

 자신의 잘못을 인정한다는 말, 반성한다는 말, 사과한다는 말, 그래서 후회한다는 말. 그런 말들은 그물이 되어 상대방의 가슴에 박힌 모난 말들을 다시 거둬들인다.

 생각해 보면 누구나 할 수 있는 쉽고 단순한 말인데, 마음 밖으로 꺼내기란 깊은 우물 속에서 물을 길어 올리는 것처럼 늘 어렵기만 하다.
 물론 이미 돌이킬 수 없을 만큼 뒤늦은 순간도 많겠지만, 그럼에도 더는 늦지 않기 위해서, 우리는 조금 더 사과하고, 조금 더 후회하는 방식으로, 실수를 참회할 수 있다.

문장의 경로

 늘 혼자서만 글을 써온 까닭인지 언젠가부터 문장이 스스로 정해둔 틀에 갇힌 느낌이다. 보이지 않는 경계선이 있는 것처럼 문장이 어느 한 곳을 벗어나지 못한 채 맴돌기만 한다. 전류가 흘러서 감전되는 것도 아닌데 나는 고분고분 경계선 안쪽에서만 줄기차게 문장을 제작한다. 그러다 보니 문장도 나도 서로에게 권태를 느끼게 된 걸까. 정해진 형태의 장난감 블록을 맞추듯 순서만 변경할 수 있을 뿐 결과는 늘 똑같은 형태의 완제품 같은 글. 그것만을 제작할 수 있게 된 듯한 자기혐오와 불안에 휩싸인다.

 그래서 요즘은 의식적으로 조금 다른 문체로 글을 써 모은다. 메모의 형태를 벗어났지만 그렇다고 시가 될 수 있는 문장은 아닌, 더군다나 내게는 시를 창작할 만한 깜냥은 없어서 그것들을 시라고 이름 붙일 엄두가 나지 않는다. 그렇다면 무엇이라고 이름을 붙여야만 할까. 역시나 에세이라는 형식 없는 형식에 기대어 봐야 할까. 정답이 없는 형식이기에 부담 없이 자유롭게 쓸 수 있는 글. 하지만 그렇기 때문에 길을 잃기도 쉬운 경로 없는 글. 구태여 가장 익숙한 곳을 떠나 낯선 곳의 이방인이 될 필요에 대해 스스로 확신이 없다.

그럼에도 나는 권태에 빠진 글을 태연하게 바라볼 수만은 없고 그래서 내친김에 실험을 한다. 이제야 나만의 개성이 짙어지기 시작했는데 일탈을 꿈꾸다니 어리석은 시도일지도 모르겠지만, 우회적으로라도 나의 글이 지금의 틀을 벗어나 자유로워질 수 있다면 기꺼이 감수해 보려 한다. 너무 변해버린 나의 글 속에서도 누군가는 여전한 나를 알아봐 준다면, 비로소 그때가 되어서야 나는 조금씩 마음의 짐을 내려놓을 수 있을 듯하다.

조금 다르게 써 봐도 나를 잃지 않고 간직할 수 있겠다는 안도의 한숨으로.

개운한 아침

 마음이 낡길 바란다는 글을 쓴 적이 있다. 적당히 낡고 닳지 않으면 버텨내기 힘든 세상이라 여기며 사람을 멀리하던 시절이었다. 하지만 때로는 그런 내게도 감당하지 못할 만큼 환하고 맑은 마음들이 찾아오기도 했는데, 그런 날에는 어김없이 불면의 밤을 보냈다. 시간이 흘러도 진정되지 않고 일렁이는 마음 때문이었다. 밤을 지새워도 개운한 아침이 있다는 것. 속수무책으로 마음을 받은 오늘 같은 날이면 그 밤들이 떠오른다. 눈을 감아도 대낮처럼 환했던 귀한 밤들. 낡고 싶지 않다는 욕심이 사무치던 순간들. 낡길 바란다는 마음은 실은 누구보다 낡고 싶지 않았던 어린아이의 투정 같은 건 아니었을까.

---

* 주로 북페어나 북토크가 끝나면 찾아오는 감정들. 늘 혼자 글을 쓰고 책을 만들다 보면 길을 잃기 마련인데, 그날들처럼 독자분들을 마주하는 날이면 그래도 내가 괜찮은 길로 가고 있다는 믿음이 생긴다. 그들의 모든 말이 아직은 이 부질없는 일을 계속해도 된다는 의미로 다가와서, 나는 그렇게 오해하기로 한다.

이국의 거리에서(2)

　시간을 경계하지 않는 사람들. 시간을 앞지르려 하거나 쫓기지도 않고, 다만 시간과 나란히 걷는 사람들. 의심과 편견에 길든 철문을 투명하게 뚫고 들어오는 그들의 순박한 마음에 나는 한순간 무력해져 때 묻은 부끄러움을 감추고 싶었다.

　그들의 시간은 여유롭게 흘렀고, 나의 시간은 조급하게 흘렀다. 서로 다른 시간의 속도를 살아가는 우리가 만나면 시간은 어떻게 흘러갈까. 아마도 재촉하고 기다리는 건 나뿐일 것이고, 그들은 단지 시간과 삶을 그들의 보폭대로 살아갈 뿐이겠지.

　너무 빠른 시간 속의 나는 추격하는 사람 없이도 달아나는 사람, 다그치는 사람 없이도 불안한 사람. 더 많은 여유와 더 느린 시간을 목격하고 체험하다 보면 나도 조금은 시간과 나란히 걷는 방법을 알게 될까.

---

* 우즈베키스탄에서 만난 사람들. 낯선 이국의 거리에서 승무원 동료들과 난감한 상황을 겪고 있던 찰나, 그 모습을 목격한 현지의 행인들이 우리에게 다가왔다. 한 명, 두 명 모이기 시작한 현지인들의 숫자가 나중에는 열다섯을 훌쩍 넘겼다. 처음에는 건장한 체격의 남자들이 무리 지어 우리를 둘러싸는 모습에 긴장을 늦출 수 없었지만, 그들은 오랫동안 서로 얼굴을 맞댄 채 의논하며 결국 우리의 문제를 해결해 줬다. 우리는 고마운 마음에 간단히 커피라도 사려고 했지만, 그들은 한결같이 사람 좋은 웃음을 지은 채 이렇게 말했다. 커피 대신 한국에 있는 우즈벡 사람들에게 따뜻한 마음을 부탁한다고. 그들은 그 말만을 남긴 채 홀연히 자리를 떠났다.

책과 사람

(1)

 내게 책과 글은 언제나 고립된 것이었다. 작은 방에 앉아 정신을 가다듬고 오로지 혼자 하는 싸움이자 놀이. 그 방에서 읽은 책과 쓴 글은 차곡차곡 쌓여갔지만 언제나 그대로인 것이 있었다.

 그건 바로 오래된 나였다. 그곳에는 사람이 없었고, 나라는 사람의 성장이 없었다. 그때는 몰랐다. 작은 방을 나서면 나와 같은 상황의 사람들이 많다는 사실을. 비록 그들 역시도 홀로 분투할 때가 많아서 자주 만남을 갖진 못하지만, 그런 사람들이 주변에 존재한다는 사실만으로도 나의 작은 방이 조금은 더 넓어진 듯한 느낌이다.

 작은 방을 나서면 더 많은 책이 있고, 또 더 많은 글이 있다. 그리고 그곳에는 내게 없던 사람들이 있다. 그 사실이 막연한 용기가 되어 오랫동안 안에서 잠겨있던 방문을 열게 한다.

(2)

　온종일 원고를 읽는다. 주제를 정하지 않고 써 모은 글들은 그때마다 몰입한 것을 쓰기 마련인데 아무래도 오래된 상념과 근심들이 많은 부분을 차지한다. 예전에는 내게 소중한 글이라면 억지를 부려 책에 넣곤 했는데 이제는 가감 없이 삭제한다. 나 혼자 다시 읽을 일기를 만드는 건 아니기 때문에 기존의 글을 해체하고 잘라내고 다시 봉합한다. 그러면서 턱없이 부족함을 깨닫는다. 쓸 수 있는 약간의 글과 쓸 수 없는 대부분의 글에 대해 또 생각하게 된다. 역시 나 혼자는 안 된다. 운이 좋아 사람들의 도움을 받으며 이렇게나마 계속 써올 수 있었던 것이다.

(3)

　글을 사랑하는 마음들, 아직도 책으로 뭔가를 해낼 수 있다고 믿는 순수한 마음들, 생존 앞에서도 포기할 수 없는 마지막 끈을 간직한 마음들, 글을 다룰 때는 진지해질 수밖에 없는 불가피한 마음들, 실망과 좌절의 반복에도 다음을 이야기하는 미련한 마음들, 그런 마음들이 사람을 이어줬고, 그렇게 우리는 다시 새로운 책을 만든다.

문턱의 초입

 단풍이 낙엽이 되어 떨어지는 계절의 한가운데에서 나는 또다시 끝을 생각한다. 머지않아 가을과 올해의 뒷모습을 바라보게 될 날이 찾아올 것이고, 끝 모르고 이어지던 순환 휴업도 서서히 끝을 향해 달려간다는 예감이 든다.

 긴 휴식은 내가 몰랐거나 외면했던 다른 세상의 모습들을 코끝까지 끌어당긴 동시에 가까스로 균형을 잡았던 생업과 꿈 사이의 긴장을 느슨하게 만들기도 했다. 타인의 삶을 바라보며 내가 작아지기도 했고, 주제넘게 누군가에게 연민의 감정을 품고 나를 실제보다 큰 사람으로 착각하기도 했다.
 아슬아슬한 균형 위에서 넘어질 수 있는 방향을 스스로 선택할 수 있다면 나는 과연 어느 쪽을 선택하게 될까. 조금 더 안전하거나, 조금 더 열망이 깊거나, 조금 더 근사해 보이는 쪽일까. 지금이 그러한 고민들에 사로잡혀도 괜찮은 시기인지 모르겠다.

생각해 보면 지금보다 열 살은 더 어렸을 때조차 비슷한 고민을 하고 있었다. 그때마다 분명 어렵지 않게 한쪽을 선택했던 것 같은데, 지금은 그때와는 다른 입장인 탓인지 단순하고 수월한 게 하나도 없다. 이제는 누구도 나를 떠밀거나 가로막지 않는데 어쩌면 그래서 내가 망설이기만 하는 걸까.

예감이 틀리지 않는다면 지금은 끝과 시작이 반복되는 수많은 삶의 문턱 하나를 넘어서기 직전일 것이다. 시간이 얼마 남지 않았다. 올겨울이 지나면 또다시 무수한 봄이 찾아오겠지만, 올겨울은 내게 끝을 알리는 신호처럼 각별하고 초조하다.

누구보다 깊고 긴 겨울을 살아내고 싶다.

---

* 순환 휴업이 이어지는 동안 내면은 감당 못 할 고민으로 가득했다. 항공사 승무원으로서의 자아는 멀어졌고, 출판인으로서의 자아는 비대해졌다. 사람은 뜻이 있는 방향으로 기울기 마련이라 내 마음은 온통 출판의 방향으로 기울었지만, 현실의 문제를 외면할 수도 없었던 나는 줄곧 애매한 사람으로 살았다. 그렇게 휴업의 끝이 보이기 시작하던 그때. 거대한 질문이 앞을 가로막았다. 지금의 나는 누구일까. 어쩌면 환호해야 마땅했던 그 순간부터 나는 속수무책으로 불안하고 초조해졌다.

눈 내리는 밤

진눈깨비가 흩날리는 날이다.

어릴 적에는 진눈깨비라는 말이 참 우스꽝스럽다고 생각했다. 아마도 도깨비를 연상시키는 말이기 때문이었을 것이다. 게다가 뭉쳐지지 않는 눈 따위는 눈싸움을 기다리던 어린아이들에게 결코 환영받는 대상이 아니었다. 눈이 아닐 거라면 차라리 비라도 되어 마음이나마 시원하게 적셔주길 바랐다.

어느덧 세월이 많이도 흘러 어른이 되었다. 그 순간부터는 진눈깨비를 보고 있으면 안쓰럽다는 생각이 먼저 들었다. 비도 눈도 아닌 그 불분명함이 결국은 진눈깨비를 아무것도 될 수 없게 만드는 것 같아서. 이제는 어린아이도 아니고, 그렇다고 어른이라고 말하기도 어정쩡한 우리의 모습을 빗대어 보여주는 듯해서 씁쓸하기만 했다.

내 마음 하나 다스리지도 못하면서 어른의 삶을 살아간다. 이럴 거라면 차라리 어린아이로 영원히 살아가는 게 낫겠다 싶은 날들이다. 그럴 수 있다면 내게 쏟아지는 꾸중을 적당히 받아들이며 구태여 서둘러 성숙해지려 하지 않아도 될 텐데. 혼자서도 잘하는 게 많아졌다고 생각했지만, 사실은 누구도 어른의 삶에 섣불리 관여하지 않아서 혼자 끙끙대며 해결할 수밖에 없을 뿐이다.

어른이니까 이 정도는 혼자 해결할 수 있을 거야. 어른이니까 그 정도 아픔쯤은 쉽게 극복할 수 있겠지. 애도 아니고 아직도 왜 그러고 있어. 혼자 잘할 수 있잖아.

흩날리던 진눈깨비도 땅에 닿자마자 사라진다. 비가 될 수 있었더라면 땅을 딛고 다시 한번 튀어 올랐을 텐데, 눈이 될 수 있었더라면 사뿐히 땅에 내려앉아 쌓여갔을 텐데. 비도 눈도 아닌 애매한 모습으로 살아가다 소멸하는 진눈깨비는 얼마나 많은 아쉬움을 간직한 채 떠나가는 걸까. 실은 다 과정일 뿐인데. 조금만 기다리면 눈이 될 수 있는데 너무도 쉽게 자신을 내려놓는다.

불안해서 더 사납게 흩날렸던 걸까. 내가 이렇게 여기 있다고. 애도 어른도 아니지만 이렇게 멀쩡한 모습으로 살아가고 있다고. 나를 알아달라고 애원하는 것 같다. 이내 날이 개고 진눈깨비의 흔적은 찾아볼 수조차 없었지만 우리는 알고 있다. 여전히 어른이 되어가는 과정인 우리들도 수없이 흩날리길 반복하다 보면, 언젠가는 비로소 오래도록 녹지 않는 눈이 될 것이라고.

---

* 해방촌에 위치한 작은 서점, '스토리지북앤필름'에서 발행한 『essay storage, summer 2019』에 수록된 글이다. 각기 다른 작가의 열 편의 에세이를 낱장으로 담아 분기별로 발행하는 프로젝트 출판물이었다.

2부

조용한 마음

기억의 파도

 지난날의 기억이 파도처럼 밀려오면 나는 한순간 허물어진다. 어린 시절에는 그 허물어진 마음에 잠긴 채 한참을 몸부림쳐도 나쁘지 않았다. 일부러 온몸으로 파도를 맞으려 지난날의 사물들을 수시로 들춰보기도 했으니까. 하지만 이제는 그렇지 않다. 기억의 파도가 일렁이기도 전에 미리 방파제를 세워두고 파도를 막아보려 애쓴다. 고작 방파제 따위로 파도를 막을 수 있다는 착각은 얼마나 가소롭고 무력한지. 하지만 지금의 나는 기억을 온몸으로 감당할 용기도 여력도 없는 비겁한 사람으로 산다. 그럼에도 가만히 허물어질 수만은 없으니 무엇이라도 해보려 허우적거린다. 무엇이라도. 기억을 막아낼 수만 있다면.

바람 부는 길

낭만을 살아가는 당신. 초라한 나를 사랑하여 무엇합니까. 야속하게도 낭만의 수명은 짧고 현실은 세월이 흘러도 늙지 않습니다. 당신의 낭만이 눈을 감는 날 모르는 체했던 현실이 당신을 삼킬 거예요. 바람이 잠시 불어와 당신이 휩쓸린 모양입니다. 사랑과 낭만을 모를 리가요. 그것만으로 살아가던 시절도 있었는데요. 그런데 이제는 모른다고 말해야 하겠습니다. 우리는 순간만을 살아가진 않지요. 나는 당신의 미래에 없는 사람입니다. 바람이 다시 불어오면 그 길로 나를 보내주세요. 낭만의 미래를 당신이 목격할 필요는 없을 테니까요. 그러니 아직도 낭만을 살아가는 당신. 우리는 이만 모르는 척 지나가는 편이 좋겠습니다. 그것만이 당신의 낭만을 지키는 방법이라면 당신은 나를 원망하겠지만요

사랑의 흔적

사랑이 떠난 자리에는 무엇이 남겨질까.

사랑의 흔적이란 망각의 강물 위를 가까스로 떠다니다 가라앉는 부유물에 불과할까. 사랑하는 연인들의 시간이 이별과 함께 세상에 한순간도 존재한 적 없었던 것처럼 지워진다면, 그 적막하고 절대적인 공허를 어떻게 감당해 낼 수 있을까.

하지만 아무것도 남지 않을 리 없었다. 아무것도 아니었던 일로 삼기에는 너무도 분명하게 존재했던 사랑의 순간들.

지금의 내가 말하는 방식과, 옷을 고르는 취향과, 길을 가리키는 손동작과, 다른 사람을 대하는 태도는 순전히 스스로 익힌 습관일까. 혹은 나를 구성하는 모든 부분에 누군가의 흔적이 여전히 머물고 있다는 증거일까.

사랑의 경험을 돌이켜보지 않으면 똑같은 형태의 사랑을 반복할 뿐이고, 실패를 성찰하지 않는 사랑은 이전에 넘어졌던 곳에서 다시 넘어지게 된다. 무한한 실패의 굴레를 벗어나고자 내가 할 수 있는 건 과거의 경험에서 학습을 이끌어내는 것. 흘러간 시절을 뒤돌아보며 충분히 잠겨보는 것.

사랑을 반추하는 일이란, 흘러간 시절로부터 다가올 미래에게 전하는 편지 같은 게 아닐까.

작품과 인생

　아무도 없는 이른 시간의 미술관. 연로한 큐레이터의 발소리만이 작게 울리는 공간. 북적이는 미술관에서의 감상이 작품을 구경하는 느낌이라면, 아무도 없는 미술관에서의 감상은 작품을 대면하는 느낌이다.

　그래서 온전히 나만의 취향과 감각이 이끄는 작품 앞에 설 수 있다. 북적이는 미술관에서는 작품을 둘러싼 사람들의 숫자만을 기준으로 작품의 가치를 판단하는 선입견에 빠질 위험이 곳곳에 도사리고 있는데, 그때의 내가 이끌리는 곳은 아마도 나의 안목이 아닌 타인의 영향일 것이다.

　하지만 오늘 같은 고요한 날에는 누구의 영향도 받지 않은 나만의 순전한 취향과 감각만으로, 발걸음이 이끌린 작품 앞에 선 나의 이미지가 타인에게 어떻게 보일지 따위에는 아랑곳도 없이, 비로소 온전한 내가 되어 혼자 그림 앞에 선다.

그렇게 대면한 작품들을 가만히 들여다보면 문득 이 그림을 그린 화가가 정말 오래전에 세상을 떠난 사람이 맞는지 의문이 든다. 어쩐지 액자를 들춰보면 여전히 새로운 그림 작업에 몰두해 있는 화가와 눈이 마주칠지도 모른다는 터무니없는 상상을 해보기도 하면서.

남겨진 작품들은 날마다 낯선 사람 앞에서 이렇게 다시 태어나며 영생을 이룬다. 생물학적 죽음만으로는 끝나지 않는 삶도 있다는 것. 오히려 세월이 흐를수록 더 많은 축복과 기대를 받으며 다시 태어나는 삶도 있다는 것. 아무리 생각해 봐도 인생은 결코 짧지 않다.

설원의 발자국

폭설이 내리는 나른한 오후. 책상에 앉아 문장이 시작되기를 기다린다. 화면 속 설원과 마주한 막막함이 의자 옆 난로에 오른팔이 벌겋게 달아오르는 통증마저 잊게 한다. 눈밭에 새겨지는 발자국처럼 글자가 뜨문뜨문 새겨지다가 이내 쏟아지는 눈발에 파묻히고 만다. 아무리 눈 속을 파헤쳐 봐도 이미 묻힌 발자국은 흔적도 없고 남아있는 건 또다시 대책 없는 눈더미뿐이다.

설원의 중심에서 길을 잃었다. 유일하게 방향을 일러주던 커다란 나무 한 그루도 눈발에 가려 보이지 않고 혹한의 추위에 생각마저 멎는다. 누군가 남겨놓은 발자국 하나 보이지 않는 극한의 새하얀 적막. 눈발이 불안처럼 거세지는 이곳에서 나는 온몸이 동상에 걸린 사람처럼 딱딱하게 굳어간다. 어디로든 가야 한다는 것을 알고 있지만 발을 내디디면 점점 더 깊은 눈 속으로 빠져들어 움직일 수 없다.

눈이 허리까지 차오르고 아무것도 할 수 없다는 생각이 오한처럼 밀려들 때, 생을 가를 선택의 순간이 도래했다는 것을 직감한다. 눈이 그치길 기다려 보거나, 하나의 방향을 정해 그곳으로 몸을 던져 보거나, 전부 불확실한 일들뿐이다.

설국의 중심에서 바람이 불어오는 곳으로 발을 내디뎠다. 문장은 눈발이 발자국을 지우는 속도를 따라서 희미해지거나 선명해진다. 과거에 기댈 수도 미래의 우연을 바랄 수도 없다. 오직 지금 새롭게 새기는 발자국에만 삶을 맡겨보는 것이다.

머지않아 예고도 없이 다시 폭설이 쏟아지는 날, 눈 속에 갇힌 내가 조금 더 초연해질 수 있도록, 화면 속 쌓인 문장들을 진득하게 밟아나가는 오늘의 촉감을 기억에 담아둔다.

생각의 심연

    생각과 감정의 심연에 닿은 사람들을 동경했다. 그들처럼 깊어지고 싶은 마음에 그들의 문장을 읽으며 깜냥도 되지 않으면서 혼자 그들을 질투하고 시샘했다. 그래서 스스로 이해하지도 소화하지도 못한 생각과 마음을 문장으로 풀어내려 애쓰던 시절이 있었다. 모방과 표절의 경계에서 내가 어디로 더 기울었는지도 모르는 채로.

    하지만 경험하지 못한 사건에서 비롯된 생각과 감정을 기록하는 일은 에세이가 아닌 소설과 다름없었고, 그렇다고 소설이라 이름 붙이기에는 나조차 등장인물의 마음을 온전히 헤아릴 수도 없었다. 그때 내가 썼던 글들은 말 그대로 잘 알지도 못하면서 어설프게 누군가를 흉내 낸 이야기, 자신의 것이 아닌 타인의 것에 불과했다. 시간이 흐를수록 나의 동경과 모방의 노력과는 상관없이 그들의 깊이는 도무지 내가 범접할 수 있는 영역이 아니라는 확신이 들었고, 그렇게 어설픈 흉내 내기는 끝이 났다.

그럼에도 누군가를 닮고자 했던 절실한 노력이 단지 헛수고만은 아니었다. 내게는 일상을 깊숙하게 파고드는 습관이 보상처럼 남아있었다. 얕은 깊이도 깊이라면 비로소 내게도 나만의 섬세한 시선이 주어졌다는 생각에 때때로 자만심에 젖어 들기도 했다. 그런데 조금씩 깊어지면 깊어질수록 낯선 침묵의 공간이 눈앞에 모습을 드러냈다. 잠시나마 그곳에 머물 때면 온몸의 신경과 세포가 너무 날카로워져서 자꾸만 내 몸을 베었다. 그때마다 알 수 없는 기시감에 사로잡혔다. 어쩌면 그곳이 오래전 내가 동경하던 그들이 거쳐 간 생각의 심연이었을까.

그때 예상치도 못한 깨달음 하나가 등 뒤에서 문을 닫았다. 생각의 심연에 닿았던 대가는 다시는 이전의 삶으로 되돌아갈 수 없다는 것. 깊어지는 일이란 발밑으로 우물을 파는 일이기도 하다는 것을 그때는 알지 못했다.

몽상의 의미

 선물 받은 조각의 이름은 '몽상가'.
그 말을 사전에 검색해 보니 이렇다.

1. 꿈을 꾸는 사람.
2. (주변 일에는 관심이 없고)다른 생각을 하는 사람.

 '꿈을 꾸는 사람'이라는 뜻은 새로울 게 없었지만, 나를 한동안 생각에 잠기게 했던 건 다름 아닌 괄호 안의 말이었다.

 주변 일에는 관심이 없고, 다른 생각을 하는 사람.

 어쩌면 그 자체로 나를 대변해 주는 듯한 말이었다. 주변 일에 관심도 많고, 일상을 단단히 꾸려가면서도 얼마든지 다른 생각을 할 수도 있을 텐데, 왠지 나는 그게 잘 안되는 사람. 그래서 때로는 꿈을 제외한 모든 것에 무책임으로 일관하기도 하는 사람.

꿈. 몽상가. 그것이 현실을 돌보지 않고 내팽개치는 사람을 뜻하는 건 결코 아닐 테지만, 어쩐지 나는 저 말에 뭔가를 들킨 사람처럼 스스로 당황해서 조금은 부끄러웠고, 조금은 난처했다. 꿈 같은 소리를 할 시기는 저물었다는 걸 알면서도 나는 여전히 애매한 입장으로 살아가니까.

일상으로부터 혹은 꿈으로부터 너무 멀어지려 할 때마다 조각을 들여다볼 듯하다. 인생의 힌트를 좀 달라고 엄한 조각에게 속으로 투정을 부릴 듯하다. 답은 내 안에 있다는 걸 수백 번이나 지겹도록 확인해 두고도 지루한 반복을 이어가고 있다.

자기소개

 취직을 하고, 연차가 쌓이고, 그렇게 나이가 들면 최소한 나도 예전보다는 분명한 무언가가 되어있을 줄 알았다. 그래서 친목 모임 같은 자리에서 자기소개를 할 때면 '저는 이런 일을 하는 누구입니다'라고 자신 있게 말할 줄 알았는데. 오히려 지금은 그 간단한 자기소개를 할 때조차 말을 얼버무리는 사람이 되었다.

 이름과 직업을 소개해도 왠지 그건 내가 아닌 것 같고, 그래서 나는 몇 마디를 덧붙이고 싶은데, 사람들은 더 이상 그 뒤에 이어지는 이야기는 궁금해하지 않는 것 같고, 그렇게 말끝을 흐리다 보면 어느새 다른 사람에게 순서가 넘어갔다. 나 또한 차례대로 그 사람의 소개를 들으며 별다른 의미없이 반응을 하고, 박수를 치고, 겉도는 이야기만 나누다가, 결국 허탈하고 씁쓸한 마음으로 집에 돌아오곤 했다.

누구도 자신의 모든 부분에 만족하진 않는다. 아무리 완벽해 보이는 사람도 속을 들여다보면 결핍과 결함투성이일 때가 많으니까. 그럼에도 성숙한 사람들은 있는 그대로의 자신과 상황을 인정하고 적당히 체념하며 그 속에서 의미를 찾으며 살아가는데, 어쩐지 나만 아직까지 철없는 소리를 하며 지금의 나에게는 불만을 일삼고, 오직 상상 속의 나에게만 의미를 부여한 채 살아온 건 아닐까.

마음에 내키지 않는 부족한 내 모습도 결국 내가 충실하게 건너온 삶의 일부인 건 분명한데, 나는 내가 세워둔 기준을 충족하는 모습만 선택적으로 인정하려 했던 건지도 모르겠다. 이상을 높게 세워두고 그것에 도달하지 못하는 자신을 미워하는 내 모습을 어떻게 달래줘야 할까. 꾸밈없는 나 자신의 모습을 받아들이지 못하면 아마도 나는 평생토록 어디에도 소속감을 느끼지 못한 채 늘 우회만 하는 삶을 살아갈 텐데.

집에 돌아오는 길이 허탈하고 씁쓸했던 건 모임의 문제도 사람의 문제도 아니었다. 생각해 보면 언제나 나를 가장 괴롭히는 사람은 다른 누구도 아닌 바로 나 자신이었다. 나한테 기대하고, 나한테 실망하고, 나한테 화내면서, 그렇게 한시도 나를 가만히 내

버려 두질 않았다. 이 정도면 스스로 못살게 구는 일은 충분히 한 듯한데, 그렇다면 이제 나한테 사과하는 일만 남은 걸까.

일상의 장막

 우리의 일상은 반복이라는 장막에 가려져 있다. 껍질을 벗겨내야 제대로 음미할 수 있는 과일처럼 일상도 장막을 거둬내면 비로소 그 속에 감춰진 아름다운 본질을 발견할 수 있다.

 지루한 반복이 일상을 단조롭고 무의미하게 덮을지라도 가만히 안쪽을 들여다보면 끊임없는 다짐과 의지로 이뤄진 매 순간의 수고로움이 반복을 탈 없이 지탱해 주고 있었다는 걸 알게 된다. 날마다 반복되는 출퇴근이 지루한 반복이라면, 매 순간의 수고로움이란 아침의 이불 정리와 잠깐의 스트레칭 혹은 정돈된 일정표와 지각하지 않는 태도처럼 출퇴근을 안정적으로 받쳐주는 생활방식에 가깝다.

 그런데 그 대수롭지 않은 듯한 수고로움이란 알고 보면 자신의 성장 과정이나 숱한 노력과 실패를 비롯해 성격과 기질까지 혼합된, 말 그대로 자신의 인생 모든 순간의 총합을 평균 낸 값과도 같다.

지극히 당연하게만 여기던 몸에 밴 사소한 행동과 습관이 건물의 골조처럼 우리의 반복되는 일상을 반듯하게 지탱해 준다는 건 지루함보다는 경이로움에 가깝다. 일상이라는 커다란 반복 아래에 습관이라는 작은 반복이 있고, 그 습관이라는 작은 반복 아래에는 생각과 행동이라는 더 작지만 가장 근원적인 반복이 있다.

 어쩌면 지루한 일상이란 반복의 수고로움을 감추는 냉정한 장막인 동시에 반복의 본질을 외면하지 않는 사람들만 들여다볼 수 있는 아름답고 사려 깊은 통찰인지도 모른다. 그런 의미에서 지금까지 단단한 반복을 묵묵히 구축하고 유지해 온 자신을 조금 더 대견하게 생각해 주는 건 어떨까.

길고 검은 차

 한적한 오후의 출근길. 봄의 시작을 알리는 맑은 하늘과 푸릇한 가로수들 사이를 가로지른다. 운전석의 창문을 열어도 더는 찬바람이 기습하지 않는 날씨. 당장이라도 일터가 아닌 근교의 호수공원으로 핸들을 돌리고 싶은 욕망을 억누른 채 붉은 신호등 아래에 정차한다.

 횡단보도 위를 걷는 사람들의 옷차림도, 열린 창문을 통해 피부에 와닿는 공기의 무게도 한결 가볍게 느껴진다. 봄의 기운에 잠기던 찰나. 운전석 옆으로 길고 검은 차 한 대가 느린 속도로 멈춰선다. 짙은 어둠의 선팅은 사람들의 시선이 뚫을 수 없도록 설계된 슬픔의 철문 같다. 내부를 엿보려 하면 오히려 자신의 얼굴만 투영될 뿐 결코 슬픔의 민낯을 목격할 수는 없다.

 언젠가 장의차 뒷좌석에 아버지와 나란히 앉아있던 적이 있었다. 사람들의 출근길이었고 차는 꽉 막힌 도로를 천천히 달렸다. 누군가는 경적을 울렸고 누군가는 눈살을 찌푸렸다. 아침부터 답답하고 불길했던 걸까. 그들의 시선이 불쾌하거나 불편하지는 않았다. 오히려 그들을 온전히 이해할 수 있었다. 나도 장의차를 볼 때마다 얼굴을 구기며 외면하는 사람이었으니까.

 장의차가 오래된 아파트 단지를 크게 돌았다. 세 식구가 오래도록 살던 집이었다. 장의차가 장지로 떠나려는 찰나 아버지가 말했다. 단지를 한 바퀴만 더 돌면 안 되겠냐고. 기사는 말없이 고개를 끄덕이며 운전대를 바로 잡았다. 아파트 두 바퀴를 돌던 그 시간. 장의차와 나란히 달리던 출근길 사람들에게는 지독히도 느리게 흘렀을 그 시간. 나는 세상에서 가장 빠른 시간의 속도를 체감했다.

 신호등에 초록 불이 들어온다. 망설이는 오른발이 이내 엑셀을 밟으면, 출근길에 마주친 길고 검은 차가 서서히 멀어진다. 답답함이나 불길함이 아닌 그리움으로. 나는 그 차에서 좀처럼 눈길을 떼지 못한다. 화창한 봄날의 장의차가 누군가의 슬픔을 태우고 각자의 속도로 도로를 달린다.

우리 두 사람

 나를 사랑하던 어른은 식물을 좋아했다. 거리를 걷다가도 길섶에 핀 들꽃을 발견하면 옛 친구를 만난 듯 반갑고 환하게 웃으며 들꽃과 눈높이를 맞췄다. 그렇게 오랜 안부라도 주고받는 것처럼 그 자리에 한참을 머물렀다. 나는 그 옆에서 지루한 듯 옷소매를 잡아끌며 어른을 보챌 뿐이었는데. 이제는 내가 산책길에 아름다운 나무를 발견하면 기도라도 하듯 한참을 서서 나무를 올려다본다. 단순히 세월의 흐름과 맞물려 자연에 마음이 기운 것일지도 모르지만, 나는 우리 두 사람의 깊고 진한 연결점을 믿는다. 우리는 결국 분리될 수 없는 사람들이었으므로. 아름다운 마음을 간직하던 사람의 아름다움을 간직한 채 살아가고 싶다.

위태로운 길목

 가을이 찾아올 때마다 몸살을 앓는다. 예정된 일처럼 한 해도 거르지 않고 앓다 보니 도대체 무슨 일인가 싶다. 환절기 기온 차로 면역력이 저하된 탓인지, 무리한 운동 탓인지, 그것도 아니면 소란한 마음의 일들이 몸으로 번져와 열꽃이 핀 탓일까.

 나는 고작 가벼운 몸살로 엄살을 부리고 있지만, 그래도 환절기에 취약한 건 특별한 일이 아닐뿐더러 원인과 병명이 명쾌해서 답답하거나 억울한 마음은 없다. 그때마다 환자의 입장에서는 진단할 수 있고, 이름 붙일 수 있는 확실한 질병을 앓는 것이 어쩌면 치료와 회복을 바랄 수 있는 최소한의 조건이자 안심일 수도 있겠다고 생각한다.

 엄마도 그랬더라면 얼마나 마음이 후련했을까. 부질없는 아쉬움이 여전히 내 생활을 맴돈다. 다만 이제는 흘러간 복잡한 감정들이 그리움과 고마움으로만 기억될 뿐이다.

시간의 흐름은 가차 없이 모든 걸 묽게 희석한다. 건강한 신체와 단단한 마음으로 살아가는 사람들은 얼마나 큰 축복을 안고 살아가는지 모를 것이다. 사람들은 운동과 수련으로 극복할 수 없는 근원적인 문제들도 많다는 걸, 언제든 한순간에 자신들의 상황이 변할 수도 있다는 걸, 게다가 지금의 건강과 젊음도 영원하진 않다는 걸, 알면서도 모른 척한다.

환절기. 그 자연스러운 계절의 변화가 몸과 마음이 취약한 사람에게는 지독히도 위태로운 길목이 된다. 날씨의 변화에 온몸으로 대비하지 않으면 또다시 앓게 될 테니까. 하지만 위험한 걸 알면서도 만물이 옷을 갈아입는 그 경이로운 풍경을 가까이 바라보고 싶은 마음에 자꾸만 자신을 풍경 속으로 내던진다.

아파질 걸 알면서도 내가 그러는 것처럼 어쩌면 엄마도 그랬을까. 우리에게 환절기는 불가피한 끌림이었다.

빗소리

 어제는 비 내리는 도시에서 하루를 머물렀고, 오랜만에 침대에 누워 빗소리를 듣다가 잠이 들었다. 밤에 마신 커피 탓인지 자꾸만 몸을 뒤척였고 그때마다 누군가에게 위협을 받은 사람처럼 발작하듯 심장이 떨렸다. 보통 그런 밤은 알 수 없는 불안에 사로잡혀 다시 잠들기를 포기해야만 했는데, 어제는 새벽의 빗소리가 누군가의 손길처럼 느껴져서 가만히 그 소리를 듣다가 다시 잠이 들었다. 그 손길이 불안이나 걱정 같은 건 결국 아무것도 아니라고 다독여 주는 것만 같았다. 덕분에 나쁘지 않은 컨디션으로 오늘을 탈 없이 살아냈으니 이를테면 나는 언제나 비나 눈에 빚지는 삶이다.

기도

 남은 건 오직 기도뿐이었던 날들과 그 간절했던 마음을 떠올린다. 사람의 일을 모두 끝내고, 이제는 사람의 일이 아닌 것에 기댈 수밖에 없었던 날들. 시간이 흐를수록 기도가 멀어질수록, 그럴수록 더욱 끈질기게 두 손을 모아 떠올릴 수 있는 모든 신에게 기도하던 밤도 있었는데. 필요할 때만 신을 찾았던 나의 이기적인 기도는 결국 이뤄지지 않았지만, 기도하는 나를 지켜보던 신이 아닌 한 사람에게만큼은 절실했던 내 마음이 닿았을지도 모른다고, 그렇게 나를 위로한다.

기억의 성질

 기억은 사람의 현재를 한순간 과거로 소환하는 신비로운 능력을 지녔다. 물론 언제든 머릿속에 떠오르는 장면들을 내키는 대로 매만질 수 있다는 점에서 기억은 사실과 동일한 말은 아니다.

 기억과 상상이 만나면 그걸 거짓된 기억이라 부르던가. 그 과정은 이를테면 하나의 장면을 화면 위에 띄워두고 영상 툴로 보정과 편집 작업을 거친 뒤 그제야 비로소 머릿속에 업로드하는 것과도 같을 텐데. 그 기억을 거짓이라 이름 붙인다면 세상에 진짜의 기억이란 얼마나 남아있을까.

 그래서 사람들은 그리운 누군가에 대한 기억만큼은 예외적으로 거짓된 기억이라 부르지 않기로 했다. 그 대신 사람들은 그 기억을 추억이라는 이름으로 달리 부르기로 했다. 그리하여 나 또한 그 사람과의 날들을 내가 기억하고 싶은 가장 아름답고 따뜻한 모습으로 편집하고 보정해서 간직하기로 했다.

 거짓된 기억이 아닌, 추억이라는 이름으로.

세상의 속도

세상이 너무도 빠르게 변한다. 어제 만난 하루는 오늘의 하루에게 낯선 표정을 짓고, 내일은 가까이 다가갈수록 뒷모습만 남긴 채 멀리 달아난다. 세상은 늘 변하고 있지만 언제나 같은 속도로 달리진 않는다. 다른 시대의 문을 향해 그동안 천천히 숨을 고르며 달려온 세상이 이제는 막판 질주를 준비하는 듯하다.

나는 지나간 것에 심취하는 부류이다. 과거를 그리워하고 아날로그를 편애하며 남들보다 느리게 세상의 변화를 받아들인다. 좋아하고 익숙한 것에만 머물다 지금보다 늦으면 안 되겠다는 불안에 사로잡힐 때 비로소 다급하게 변화를 좇기 시작한다. 미래의 모습을 미리 상상하는 것보다는 지나간 것에 대한 향수를 간직하며 살아가는 편이다.

하지만 오늘의 세상은 한곳에 머무르는 여유를 허락하지 않는다. 수많은 혁신이 파도처럼 밀려와 해변에 누워 일광욕을 즐기던 사람들을 덮친다. 누군가는 미리 파도를 예측하고 그 흐름 위에서 서핑을 즐기고 있지만 누군가는 태닝만 즐기다 파도에 휩쓸려 간다. 뒤늦게 서핑보드를 구해 파도 위에 올라설 수도 있겠지만 시기를 놓치면 맨몸으로 바다를 감당해야 할지도 모른다.

달아나기만 하던 내일이 이제는 반격을 시작하는 걸까. 시대를 따라오지 못한 대가를 치르라는 듯 숨 쉴 겨를도 없이 커다란 파도를 몰아 보낸다. 이제는 바다에서 멀리 떨어진 한적한 숲속에서 산책이나 하던 내 귓가에도 파도 소리가 가깝게 들려온다. 어쩌면 지금은 산책을 잠시 미뤄두고, 늦게나마 관심도 없던 서핑을 배워야 할 때일까. 다음 세상으로의 문이 완전히 닫히기 전에.

귀마개

 대로변의 소음이 심한 집으로 이사 오면서 귀마개 없이는 좀처럼 잠들 수 없게 되었다. 그렇게 살아온 지 어느덧 삼 년이 흘렀고, 불현듯 언제까지 이렇게 살 수는 없을 듯한 마음에 한동안 귀마개 없는 밤을 연습해 보기도 했었는데. 그런데 나도 모르는 사이 내 귀는 소음에 더욱 예민해져 있었다. 이제는 대로변의 자동차와 오토바이 소음뿐만 아니라 이전에는 둔감했던 일상의 작은 소음마저도 마치 한밤중 공사장의 소음처럼 고막을 요란하게 흔들었다.

 하지만 이웃집 누군가는 이곳에서 아무렇지 않게 온종일 창문을 열어둔 채 평화롭게 살고, 누군가는 초반에만 소음에 고통받다가 서서히 적응하며 살고, 또 누군가는 소음을 최대한 차단하기 위해 방음막을 설치한다거나 하물며 높은 책장을 창가로 옮겨두고 산다. 물론 사람마다 예민함의 정도와 감당할 수 있는 소음의 크기가 다를 수도 있겠지만, 사람은 웬만

하면 자신만의 방법으로 주어진 환경에 서서히 적응한다.

그런데 나는 애초부터 환경에 적응하기 위해 노력한다거나 다른 시도 같은 건 생각조차 하지 않은 채 막무가내로 내 귀만 틀어막았다. 그것이 가장 간편하고 신속하며 확실한 방법이기도 했으니까. 그 결과 나는 그때나 지금이나 여전히 귀마개 없이는 잠을 이룰 수 없다. 심지어는 자연 속 조용한 숙소로 여행을 떠났을 때조차 언제든 밤중에 소음으로 잠이 깰지 모른다는 불안 때문에 늘 귀마개를 낀 채 침대에 눕는다. 여행을 떠나와도 일상의 그림자를 벗어나지 못하고 있었던 것이다.

애초에 소음이 싫어서 무작정 틀어막고 피하기만 했더니 내게는 아무런 적응도 변화도 일어나지 않았다. 그렇게 삼 년을 살아온 대가는 귀마개의 압력으로 약해진 고막과 더욱 예민해진 신경뿐이었다. 만약 내가 그때 다른 방식을 택했더라면 어땠을까. 대로변의 소음을 완전히 차단하는 건 불가능한 일이라는 걸 알면서도 이웃들처럼 어떤 시도라도 해봤더라면, 지금의 나는 소음에 조금 더 무딘 사람이 되었을까. 하지만 아마도 내게 그런 일은 발생하지 않았을 것이다.

첫눈

첫눈이 내렸다. 꽃잎이 선선한 바람에 흩날리듯 고요하고 차분하게. 그렇게 밤하늘이 한순간 새하얘졌다. 첫눈이 내리면 늘 오래된 인연들을 떠올렸다. 눈처럼 쌓인 생각에 파묻혀 억지로 잡아둘 수도 놓아버릴 수도 없었던 인연들. 감정이 다투다 자리를 내어주고, 마음이 접히다 주름이 늘어나고, 그렇게 결국 머무르거나 떠나가는 인연들. 한때는 그들과의 추억이 잔설로나마 남아주길 바랐는데. 지금은 다만 첫눈처럼 반갑게 흘려보낼 뿐이다. 첫눈은 사람에 연연하지 않고, 사람도 연연하지 않아야 첫눈을 아름답게 바라볼 수 있다.

도서관

 행궁동 골목은 녹지 않은 눈으로 가득했고, 담장 너머로 보이는 기와집 지붕도 소복한 눈으로 덮여 있었다. 언젠가 수원에 살았을 때는 마음의 여유가 없었는지 화성 근처도 둘러보지 못했는데, 너무 오랜 시간이 흐른 지금에서야 멀리서 화성을 바라보며 그 시절을 떠올렸다.

 진로의 갈피를 잡지 못하고 방황하던 그때 무작정 집에서 가까운 도서관을 찾아갔다. 서수원도서관. 늘 시험 기간 때에만 형식적으로 학교 도서관을 찾아갔을 뿐이라서, 다양한 연령층이 책에 몰두하고 있는 동네 도서관의 풍경은 그야말로 생경할 따름이었다.

 빼곡한 책장 사이를 걷다 처음으로 빼 들었던 책은 움베르토 에코의 '장미의 이름'이라는 책이었다. 우연히 만난 그 책이 얼마나 흥미롭고 감명 깊었는지 그날 이후로도 줄곧 서수원도서관을 찾았다. 진로에 대한 고민과 방황도 일부러 잊은 채로 재밌는 책들만 골라서 오랜 시간을 그곳에 머물렀다.

아마도 그때가 처음이었던 것 같다. 어린 시절 이후 일기라는 걸 다시 끄적여 보기 시작했던 때가. 그때는 잠깐의 재미일 줄로만 알았을 뿐 이렇게 꾸준히 일기 쓰는 사람으로 살아갈 줄은 짐작조차 하지 못했다. 돌아보면 그때 일기와의 재회가 내게는 운명적인 전환점이 되어준 셈이었다.

지나간 이야기를 하려던 건 아니었는데. 다만 그 시절 방황의 끝이 향했던 곳이 결국 도서관이었다는 재미없고 식상한 결말이지만, 어찌 보면 그 끝이 다른 무엇도 아닌 도서관이어서 참 다행이었다고 생각하며 눈 쌓인 행궁동 골목을 걸었다.
 그 시절의 수원은 홀로 고독했을지라도 결국 지금 남은 건 책과, 글과, 사람들이 건네준 따뜻함 뿐이라면, 지금이라도 그때의 나에게 너는 썩 괜찮은 선택을 했던 것이라고 말해주고 싶다.

미래의 흔적

 정성을 담아 답장을 보내는 날이면 하루의 남은 시간이 봄처럼 순해진다. 물론 내 곁을 떠난 답장은 이내 머릿속에서 지워질 테지만, 나는 눈에 보이지 않는 것들의 흔적을 믿는 사람이라서 그 흔적들이 결코 사라지지 않고 켜켜이 쌓여 나의 마음과 정서가 된다고 믿는다. 이제는 명확하게 기억나지는 않지만 언젠가 나를 전율하게 했던 영화와, 음악과, 문학 작품들, 혹은 사람들과의 흔하지 않은 인연과, 그들과 함께 의미를 부여했던 장소들이 지금의 나를 구성하고 있는 것처럼.

 그리고 그 믿음은 다시 오늘의 내가, 다가올 미래의 내가 될 흔적들을 위해 정성껏 살아야 할 최소한의 의무이자 책임이 되어준다. 왜냐하면 나의 생각과 마음을 문장을 통해 상대방에게 전할 수 있다는 건 내가 나를 다정하게 보살필수록 상대방에게 전해지는 마음 또한 따뜻하고 투명해질 수 있다는 의미이기도 하니까.

다음의 시간

 언젠가 암스테르담의 '반 고흐 뮤지엄'을 다시 찾아오면 조금 더 여유롭게 둘러보겠다고 다짐한 날이 어느새 칠 년 전이었다. 그때의 나로서는 드물게 일에 대한 보람을 느껴보기도 했을 만큼 충만한 날이었고, 시간이 흘러도 좀처럼 잊히지 않아서 구태여 그날의 일화와 감상을 기록해 둔 글을 산문집 한구석에 담아내기도 했었다.

 그날처럼 갤러리는 이른 아침부터 인파가 가득했고, 우연의 일치겠지만 그때와 같은 목도리를 맨 것 또한 그날의 기억을 불러일으키기에 충분했다. 장소도 그림도 예전 그대로였는데 다시 찾아온 나를 둘러싼 상황과 마음만은 적잖이 달라져 있었다. 물론 누구도 칠 년이라는 세월 앞에서 한결같을 수는 없겠지만, 내게는 유독 굵직한 일들과 변화가 몰려왔던 시절이었다.

 달라진 마음으로 바라본 그림들은 그때와는 사뭇

다른 이야기를 건네줬다. 아름다웠지만 깊숙하게 파고들 수는 없었던 그림들이 이제는 모두 다른 사연을 품고 입체적으로 살아 움직이는 듯했다. 그때의 감정이 낯선 이국의 장소와 명화의 실물을 처음 마주했던 감격이 전부였다면, 지금의 감정은 절반의 감격과 절반의 사적인 사연이 깃든 공감에 가까웠다.

사연이 많아질수록 공감하는 작품도 많아진다면, 인생을 살아갈수록 더 많은 작품에 공감하게 된다는 말일까. 공감하는 작품이 많아지는 건 환영할 일이지만, 그렇다고 그럴만한 사연까지 많아진다는 건 어쩐지 달갑지 않다. 사연 없는 인생은 없겠지만 애써 사무치는 아픔까지 절감하고 싶지는 않은데, 그건 역시나 내 몫의 일은 아니겠지.

금방이라도 다시 찾아올 듯했던 순간이 칠 년의 세월이 흐른 뒤에야 찾아왔다. 그것은 오늘뿐만은 아니었다. 이제는 모든 다음이라는 시간이 얼마나 까마득한 약속인지 안다. 아마도 다음은 무리하지 않으면 웬만해선 다시 찾아오지 않는 시간일지도 모른다. 그래서 갤러리의 뒷모습이 유난히 더 눈에 밟히는 걸까. 허무한 약속일지라도 나는 지금 또 다음을 기약한다.

사람의 뒷모습

　미술관에서 작품에 골몰해 있는 사람의 뒷모습은 왠지 세상모르게 잠들어 있는 갓난아이처럼 느껴진다. 차분하고 평화로운 태초의 상태. 하지만 작은 소란에도 파괴되기 쉬운 무방비의 상태. 그 사람에게 말을 걸어도 침묵만이 되돌아오는 까닭은 이미 그의 마음이 현실이 아닌 그림 속에 존재하기 때문일 것이다. 그곳에서 그는 이젤 앞 붓 터치에 열중인 화가의 뒷모습을 바라보며 그림이 완성되는 숱한 반복과 고뇌의 과정을 지켜보고 있을지도 모른다. 그러다 어렴풋이 화가의 앞모습이 보이는 찰나 불현듯 다시 현실로 소환되어 다른 작품으로 발걸음을 옮긴다. 미술관에서 전시된 작품을 감상하는 것은 황홀한 일이지만, 그 작품을 들여다보는 사람의 뒷모습을 관찰하는 것 또한 흥미로운 일이다.

물방울 화가

　오십 년 세월 동안 물방울 하나만을 그리다가 떠나간 화백 앞에서 나는 그저 작고 나약한 애송이일 뿐이다. 일이 너무 힘들다고, 글쓰기도 이제 잘 모르겠다고, 그 두 가지를 동시에 끌고 가는 건 이제 지쳐버렸고, 그 두 가지를 전부 부여잡으려 애쓰다 보니, 결국 모든 게 막막해져 버렸다고 칭얼거리는 애송이. 고작 이만큼 살아놓고, 고작 이만큼 노력해 놓고, 길을 잃었다며 투정 부리는 내 모습이 한없이 부끄러울 따름이다.

---

* 　김창렬 화백(1929~2021). 한국 예술사와 미술사에서 빼놓을 수 없는 미술계의 거장이자 원로 화가였다. 본격적으로 물방울 그림을 창안하고 그리기 시작했던 건 그의 나이 마흔이 훌쩍 넘은 때였다.

유영하는 밤

 많은 사람이 침대에서 스마트폰을 바라보며 하루를 마감하는 시간. 나 또한 침대에 누워 작고 네모난 화면으로 오늘의 뉴스와 다른 이들의 일상을 구경한다.

 하루 중 시간이 가장 빠르게 흐르는 때가 있다면 바로 이 시간이 아닐까. 아늑한 조명 아래 머리와 허리에 푹신한 베개를 받친 채로 네모난 화면 속에 빠져든다. 그럴 때면 침대가 마치 넓은 세상을 자유롭게 유영할 수 있도록 도와주는 나만의 작은 요트처럼 느껴진다.

 스마트폰 세상을 유영하다 자연스레 잠드는 것. 그것은 어쩌면 가장 달콤한 수면의 시작일지도 모른다.

 그렇지만 나는 그 매력적인 유혹을 적당히 뿌리쳐야만 하는 사람이다. 계속 글을 쓰며 살아가기 위해서는 스마트폰보다는 책을 읽거나 문장을 기록해야 한다는 것을 알면서도 좀처럼 폰을 내려놓지 못한다. 잘 알지도 못하는 사람들의 소식과 오늘의 기사와 방송은 세포가 무한 증식하듯 업로드되는데 그것들은 때마다 얼마나 새롭고 흥미로운지. 하긴 세상에서 유일하게 공평한 시간과 맞바꾸는 것들인데 그 정도의 재미와 흥분은 꽤나 합리적인 듯하다.

그런데 어제 내가 잠들기 전까지 봤던 콘텐츠들이 지금은 이미 기억에서 사라지고 있다면 그래도 정말 합리적인 걸까. 그렇다면 재미의 유통기한과 효용이 생각보다 너무 일시적인 게 아닐까.

흔한 말처럼 순간이 모여 인생이 될 텐데 글을 써야 하는 내가 이토록 치명적인 스마트폰의 유혹을 적당히 뿌리치지 못한다면 나는 점점 글과 멀어진 삶을 살지도 모른다. 그런 생각을 하니 인터넷 세상에서 순항하던 나의 요트가 견고한 암초와 충돌하는 듯한 기분이 든다.

나는 그제야 폰을 내려두고 가까스로 책을 집어 든다. 책장은 계속 넘어가는데 정신은 아직 유영하는 요트에 있다. 여전히 인터넷 세상을 부유하며 아까 발견한 재밌는 영상을 곱씹고, 새로운 자극을 찾아 방랑하는 중이다.

순항하고, 암초에 부딪히고, 파도에 휩쓸리고, 바다에 전복되고, 다시 순항하고. 아무래도 이번에는 다시 책에 몰입할 수 있을 때까지 생각보다 긴 시간이 필요할 듯하다.

중심축

생각도 마음도 행동도 예전처럼 따라주지 않을 때, 예전에 알던 나와는 조금씩 달라지는 나를 목격할 때, 그리고 그 변화에 이미 익숙해지기 시작한 순간을 포착할 때, 나는 내 삶이 조각나는 듯한 느낌을 받는다. 여러 갈래로 분열된 생각과 마음에도 중심축이 있다면, 흔들리는 삶의 모습일지라도 결국은 중심으로 되돌아올 것이라고, 그렇게 믿어봐도 될까. 예전에 알던 나는 없고, 나는 나의 깜냥을 모르니, 지금은 다만 삶의 중심으로 선택한 곳을 향해 막연히 걸어갈 뿐이다.

몰아 쓴 시간

구태여 무언가를 항상 생산하는 상태를 유지하는 것만이 삶을 성실하게 살아가는 방법이라고 믿었다. 가장 공평한 시간 앞에서 상대적인 시간의 특성을 이용해 남들보다 조금 더 많은 시간을 사용하고 싶었다. 온종일 나를 성실하게 소진하기만 하면 되는 의외로 간단한 일이었다.

하지만 성실함에 대한 강박은 언젠가부터 나를 그 작은 틀 안에 가둬두기 시작했고, 틀 밖의 삶을 외면하게 만들었다. 우리가 소모적이라고 부르는 활동은 대부분 휴식과 관련되어 있는데 강박적인 성실함은 그 휴식에 필요한 시간마저 생산에 투입하도록 유혹하는 맹목적인 습관이었다.

생산적인 삶에 대한 지나친 집착과 강박은 그 모습이 그릇되진 않았을지라도 사람을 많은 것과 단절시킨다. 가장 먼저 단절되는 것은 타인과의 시간이다. 사람은 타인과 소통하며 살아가는 존재인데 그 시간을 낭비로 분류하기 시작하면 삶에는 타인이 지워진 공허만 남는다.

한순간 지나가면 사라지는 것이 시간이라지만 만약 시간의 흐름이 일직선이 아닌 원형의 띠를 이루고 있다면 그것을 사용한 결과는 온전히 자신에게로 돌아올 것이다. 공허만 남은 삶에 돌아오는 것이란 극한의 고독과 허무 그 자체가 아닐까.

나는 혼자 오만한 채 시간을 잘못 사용하고 있었다. 생산적으로만 사용하면 결국 더 많은 시간이 내 소유가 될 것이라 착각하면서. 하지만 세상은 시간을 할당하며 늘 대가를 요구했다. 나는 더 많은 시간을 요구하는 대신 사람을 희생양으로 바쳤다.

그렇게 나는 시간은 남아도 사람은 없는 삶이 되었다. 세상에 오직 나만 존재하고 타인이 없는 인생을 인생이라 말할 수 있을까. 시간도 반납이 가능하다면 더 늦기 전에 몰아 쓴 시간을 돌려주고 그 대가로 사람을 돌려받고 싶다.

예술병

 예술병에 걸리면 속수무책이다. 사물과 현상을 있는 그대로 바라보자. 있는 그대로 바라보는 능력을 상실하면 삶이 고달파진다. 늘 넓은 세상을 둘러보고 자신이 얼마나 작고 얕은 존재인지 잊지 말자. 아무것도 아닌 일을 구태여 거창하게 꾸며내지 말자. 생각과 마음을 확신하지 말자. 그것들은 잠시 머물다 스쳐 갈 뿐이다. 깨달음이 찾아와도 내세우지 말자. 그건 누구나 아는 일반 상식일 뿐이다. 특별하지 않은 자신과 작품을 좋아해 주는 사람들에게 감사하자. 그건 자신이 특출난 덕분이 아니라 그들이 너그럽기 때문이다. 예술과 창작을 사랑하는 만큼 끊임없이 스스로 경계하자. 가장 위험한 것은 자신의 마음이다.

거창함

거창함은 유치함과 맞닿아 있다는 것을 깨닫는 시기가 찾아온다. 거창한 게 나를 지키는 일이라고 착각 했지만 지금은 거창함이 오히려 나를 우습게 만든다는 것을 안다. 허상이 아닌 사실만을 담백하게 이어가는 묵묵한 태도가 오래도록 나를 살아남게 해줄 것이라 믿는다.

기다리는 마음

 눈을 기다리는 마음을 메모로 기록한 지 이틀 만에 오늘 눈이 내렸다. 마트에서 카트를 끌며 무료하게 장을 보고 있을 때였다. 찾는 물건이 있는 진열대를 두리번거리면서. 그러다 문득 저만치 떨어진 커다란 창문을 바라봤을 때 그곳에 눈이 내리고 있었다. 멀리서 봐도 새하얗고 포근한 함박눈이었다.

 창문 가까이 다가가 카트를 아무렇게나 방치해둔 채 한참을 멍하니 내리는 눈을 바라봤다. 언제부터 내리기 시작했던 걸까. 거리는 이미 하얀 눈밭이 되었고, 지나가는 사람들과 차들도 서로 조심히 움직이고 있었다. 어른들을 따라 마트에 온 아이들도 눈을 발견했는지 창문 쪽으로 뛰어오며 소리를 질렀다.
 드디어 눈이 내려요.
 마스크로도 빼앗을 수 없는 순수한 웃음들이 그곳에 있었다.

드디어라는 말이 참 예쁘게 다가왔다. 늘 듣는 흔한 말이지만 아이들이 말하는 그 말에는 소원이 담겨있는 듯했다. 나도 눈을 기다려 왔지만 그 말을 외칠 수 있는 순수함과는 다른 마음이었겠지. 그 시절의 꿈 같은 소원과, 지금의 단순한 바람은 아무래도 너무 먼 세상처럼 느껴진다. 물론 아무래도 상관없다. 예쁜 장면들은 내 마음대로 예쁜 모습으로만 간직하면 그만이니까.

주위를 둘러보니 많은 사람들이 장보기를 멈춘 채 창문 너머를 올려다보고 있었다. 나이와는 상관없이, 주변의 시선도 상관없이, 나지막이 감탄을 하며 자기만의 방식으로 눈 내리는 모습을 담고 있었다. 매년 마주하는 눈이지만 내릴 때마다 새삼 신비롭게 느껴진다. 단지 눈이 내리는 것뿐인데 사람의 마음이 전혀 다른 모습이 된다는 게.

어른의 삶을 살아가며 눈을 기다리는 마음은 언젠가 나도 모르게 잃어버린 것들을 그리워하는 마음과 비슷하지 않을까. 오늘 같은 날은 나도 복잡한 생각들은 다 접어두고 오랜만에 작게나마 말해보고 싶다.

드디어 눈이 내린다.

겨울의 온기

 가장 따뜻한 일들은 대부분 겨울에 벌어졌다. 혹한의 추위에 몸을 떨며 들어간 책방은 유난히 포근하게 느껴졌고, 책방에 모인 사람들과의 대화 속에는 바깥의 날씨와는 달리 순도 높은 온기가 감돌았다.
 그 온기는 책방을 나선 뒤에도 좀처럼 식지 않았고, 심지어 계절이 변해도 무작정 따뜻할 따름이었다. 어쩌면 나는 그 계절에 받아 든 온기들을 그러모아 다른 나머지의 계절을 살아내는 사람일까. 무엇이 만들어 낸 온기였을까. 가만히 돌이켜보다 너무도 당연한 정답만이 존재해서 생각을 그만두었다.

 사람. 가장 따뜻했던 일들이 대부분 겨울로 기억되는 건, 아마도 그들 덕분일 것이다.

3부

조용한 변화

파도의 질문

위태로운 난간에 올라서서 일몰을 바라봤다. 해변은 가까운 거리에 있었지만 어쩐지 직접 풍경에 섞여 들기보다는 멀리 떨어진 채 풍경을 관조하고 싶었다.

선선한 바람이 불었고 파도는 차분하게 밀려왔다. 저녁을 알리는 어스름이 드리울수록 해변의 사람들은 서서히 짙은 그림자가 되어갔다. 아무런 소란도 없는 한적한 곳에서 바라보는 일몰은 붉어지는 낙조의 아름다움과는 상관없이 어딘가 처연한 구석이 있었다. 아마도 완전한 소멸이 예정된 아름다움이었기 때문일까.

파도가 질문처럼 밀려왔지만 나는 아무런 대답도 하지 못했다. 부분만 바라보고 사는 사람은 사고처럼 찾아온 거대한 질문 앞에서 망설일 뿐이었다. 누군가의 말처럼 나는 삶을 너무 정성껏 사느라 고민과 생각에 뒤덮여 고통받는 것일지도 모른다.

다급하지 않은 질문들까지 끌어안으며 구태여 삶을 복잡하게 만든다는 건 일종의 자학과도 같은 일일 텐데. 현실을 사는 나는 추상의 질문들 앞에서 혼란스러운 침묵을 유지할 뿐이다.

일몰이 끝난 검은 바다를 바라봤다. 아무것도 보이지 않지만 사람들이 떠나간 해변에도 여전히 파도는 일렁이고 바다 냄새를 머금은 바람이 불어왔다. 나는 조금 더 난간에 머무르며 잔영만 남은 해변을 응시했다. 이제는 난간에서 내려가야 하는데. 어디로 흘러가야 할까.

흘러온 대로. 혹은 흘러가고 싶은 대로. 물론 각오와 책임도 나의 몫이지. 지금처럼 망설이기만 한다면 나의 삶은 한순간의 일몰처럼 금세 사라져 버릴 거야. 나는 나만의 대답을 준비해야 한다.

절반의 감정

 긴 시간 고심하고, 구상하고, 장담하던 일을, 한순간에 단념해야만 하는 상황과 맞닥뜨려도 이제는 그리 대수롭지 않다.
 이제는 불가피한 일들로 실의와 낙담에 빠져 한탄만 하기보다는, 그 익숙한 허탈함마저도 결국 내 삶의 몫이라는 걸 인정하고 겸허히 받아들이는 연습을 한다. 인생을 배워갈수록 점점 더 애매모호한 사람이 되어가는 듯하지만, 어쩌면 삶은 섣부른 확신보다는 뜻밖의 변수에 유연하게 대응하는 능력이 특출난 사람들에게 특화된 여정일지도 모른다.

 그 생각 탓인지 언젠가부터는 어떤 일을 도모할 때 절반의 기대만큼 절반의 체념을 동반하는 버릇이 생겼다. 그건 곧 성취의 기쁨도 실패의 절망도 딱 절반만큼만 체감할 수 있다는 말과도 같은데, 이건 다시 절망을 최소화하기 위해 기쁨의 최대치를 낮추는 어리석은 행동이 아닐 수 없다.

앞으로도 무수한 실패가 내 삶을 전복시키겠지만, 지나치게 방어적인 태도로는 내 몫의 행복마저 온전히 만끽할 수 없을 듯하니, 나는 조금 수정될 필요가 있다.

이국의 거리에서(3)

우연히 산책을 나선 거리에는 오전 내내 행진곡이 울려 퍼졌다. 도로는 통제되어 있었고 수많은 인파가 거리를 에워싸고 있었다. 저 멀리 제복을 입은 군악대가 천천히 가까워질 때마다 사람들은 유명한 공연장을 방불케 할 만큼 열렬한 박수와 환호로 그들을 맞이했다. 무슨 일인가 싶어서 옆 사람에게 물어보니 오늘이 호주의 현충일인 '앤젝데이(Anzac Day)', 1차 대전 때 희생된 호주와 뉴질랜드 연합군을 추모하는 행사라고 했다.

무리의 선두에 선 사람은 아마도 퇴역 군인인 듯한 백발의 노신사였는데 지팡이를 짚고 걷는 그의 모습에서는 위태로움보다는 오히려 젊은 시절의 기개 같은 것이 느껴졌고, 그의 뒤를 따르는 비슷한 연배의 사람들도 사뭇 진지하지만 밝은 표정으로 누군가의 얼굴이 담긴 커다란 액자를 가슴에 안고 있었다. 끝도 없이 이어지는 행렬 속 사람들은 저마다 입고 있는 제복과 연령대만 다를 뿐 비슷한 표정을 짓고 있었다. 아마도 그들의 마음 또한 그 순간만큼은 비슷하지 않았을까.

물리학에서 과거는 존재하지 않고 오직 존재하는 건 기억뿐이라고 했다. 그런데 기억은 생각보다 연약해서 마음만으로는 온전히 보존할 수 없다고. 그래서 사람들은 기억의 장소를 세우기도 하고, 어떤 의식과 행사에 의미를 부여해 그 순간만이라도 누군가를 그리워하고, 누군가에게 감사를 전하기로 했다는 것. 눈으로 볼 수 없고, 손으로 만질 수도 없는 기억은 애쓰지 않으면 금세 증발해 버리기 마련이다.

누군가를 위해 당연하지 않은 일을 당연한 듯 해낸 사람에게 감사를 표현하는 일은 쉽지 않다. 무엇보다 당연하지 않다는 걸 알아채기 쉽지 않고, 알아채더라도 마음을 말한다는 건 쑥스러운 일이니까. 그런데 오늘은 이국의 낯선 거리에서 그런 사람들을 한없이 마주한 듯해서 비록 금방 이곳을 떠나갈 이방인의 입장일지라도 따뜻한 마음으로 장면들을 남겼다. 돌이켜보면 산책이 후회로 남는 날은 거의 없었다. 산책은 늘 생각보다 많은 걸 선물해 줬다.

방랑하는 삶

 방랑하다 보면 다시 이야기가 쌓여가겠지. 근사하고 감동적인 일만 쌓이길 바란 적은 없었고, 그렇다고 슬프고 화나는 일만 쌓이길 바란 적도 없었는데. 항공기에 몸을 싣고 세상을 방랑하다 보니 그 모든 일과 감정들이 나를 마중하며 다채로운 이야기를 건넸다.

 그렇게 낯선 환경과 이야기에 조금 친숙해지고 익숙해질 때쯤 그것들은 내 생활의 불규칙한 패턴처럼 홀연히 다시 나를 떠나갔다. 마중과 배웅의 간격이 좁은 만남에서 남은 건 어쩌면 첫인상뿐이지만, 그렇게 혼자만의 인상 속에 잡동사니 탑처럼 이야기가 쌓였다.

 언젠가 문득 멈춰 서서 그 탑의 꼭대기를 물끄러미 바라볼 날도 올 것이고, 어떻게든 정돈하려 신중하게 가다듬는 날도 올 것이고, 모든 걸 포기하는 심정으로 탑을 걷어차 무너뜨리는 날도 찾아오겠지.

내일의 방랑을 모르는 나는 그 방랑이 조금 더 나은 쪽으로 향하길 바라는 기대와 행동으로 우선 살아가는 수밖에. 오늘도 이렇게 이야기가 쌓인다.

몸이 보낸 신호

 너무 많은 생각과 감정이 충돌한 탓인지 마음에 과부하가 발생했다. 표출되지 못한 감정들이 작고 좁은 방안으로 한없이 밀고 들어와 겹겹이 억눌린 채로 말썽을 부리는 듯하다.

 혼자 그들을 다스릴 수 있다는 오만이 가득했던 시절도 있었지만, 이제는 기꺼이 타인의 전문적인 도움을 받고자 먼저 손을 건네는 용기를 내보기도 한다.

 어쩌면 생각도 마음도 소모품일 텐데, 나는 자꾸만 그것들의 귀중함을 잊고 남용하고 만다. 처음으로 온 힘을 다해서 그동안 나 몰래 고생했던 마음과 감정을 돌볼 예정이다. 소진된 것은 그게 무엇이든 충분한 회복기가 필요하니까. 언젠가 다시 안정과 평온이 찾아올 때까지는 당분간 그들을 재촉하거나 원망하지 않아야겠다.

마음에 들지 않아도 무턱대고 잘한다 착하다 하면서 칭찬만 해줘야지. 내 마음 내가 다독이며 보살펴야 했는데, 정작 무엇이 중요한지 알면서도 함부로 방치만 해뒀던 수많은 지난날에 뒤늦은 용서를 빈다.

---

* 불면의 밤을 보내던 이국의 숙소에서 낯선 증상을 겪었다. 천장이 빙글빙글 돌면서 정신이 한없이 아래로 가라앉는 느낌이 들었고, 가슴이 답답해서 숨쉬기가 곤란했다. 한국으로 돌아오는 비행기에서는 갑자기 시야가 흐려지기도 했고, 익숙한 반복 작업에도 집중하지 못한 채 실수를 연발했다. 몸이 처음으로 내게 보내는 종류의 신호였다. 다행인 건 그 신호를 외면하지 않고 병원을 찾아간 일이었다. 그때 처음으로 내가 번아웃과 공황을 겪고 있다는 걸 알게 됐다. 당황스럽기도 했지만 그동안의 삶을 돌아보면 어쩌면 예정된 일이었다.

산책의 다짐

 한동안 산책과 멀어진 삶을 살았다.

 이따금 동네의 산책로를 걷긴 했지만 순전히 최소한의 체력 유지를 위한 운동의 개념일 뿐이었다. 그래서 걷는 속도와 동작의 자극에만 집중한 채 정해둔 시간과 코스를 완주하는 것에만 열중하곤 했는데, 그것은 주변을 관찰한다거나 생각을 정리한다거나 하는 사유로서의 산책과는 동떨어진 걷기였다.

 익숙한 거리든 낯선 거리든, 그곳에는 놓치기 아쉬울 정도로 많은 생각의 기회가 도처에 널려있는데, 기록하는 사람인 내 입장에서 거리를 단순히 운동으로서만 걷는다면 눈을 감고 책을 읽는 것과도 마찬가지였다. 어떤 다짐을 하기에 적당한 시기가 또다시 찾아왔으니, 앞으로는 운동과 산책을 별개로 나눠서 할 것이라 다짐했다.

산책을 할 때는 반드시 이어폰을 집에 두고 갈 것과, 최대한 낯선 곳으로 이동해 그곳의 거리를 천천히 감각하며 걸어볼 것. 그리고 목적지 없이 발 닿는 곳으로 무작정 걷다가 돌아올 때만 경로를 찾아볼 것. 그 모든 낯선 장소와 걸음들이 나를 조금 더 깊은 곳으로 이끌어 줄 수도 있겠지만, 그렇지 않대도 크게 상관없지 않을까. 단조로운 일상에 아주 작은 변화를 선물해 주고 싶다.

우연과 노력

 잘해보고 싶어서 잔뜩 힘을 주면 딱딱하게 굳고, 반쯤 포기하고 싶어서 한껏 힘을 빼면 부드럽게 풀리는 인생의 아이러니.

 그렇지만 부드럽게 살고 싶어서 인생을 반쯤 포기하는 태도로 살 수는 없는데. 힘을 빼고도 잘하는 방법이란 어쩌면 높은 경지에 다다른 사람만이 구사할 수 있는 술법 같은 게 아닐까 싶고.

 한편에 치우치지 않는 중도의 자세가 필요하다고 배웠고, 살면서도 그것만큼 절실한 마음도 없다는 걸 깨달았지만, 나는 여전히 인생의 중심도 균형도 잡지 못하고 때마다 무모한 극단의 매력에 이끌린다. 눈을 감고 무작정 활을 쏘며 과녁의 중심을 관통하길 바라는 마음을 가득 안고서.

 수련이 필요한 일에 우연을 바라진 않는다. 다만 지금은 조금의 희망을 품고 끊임없이 권태로운 시도를 이어갈 수밖에 없다. 그렇지만 언젠가 나도 인생과 마음의 중심을 찾게 되는 날이 온다면, 나는 그것을 우연이라 부를까, 아니면 순전한 노력의 산물이라 부를까.

아무렴. 인생과 마음이란.

자화상

늘 마주할 때마다 오직 너만이 위태롭고 흔들리는 삶을 사는 건 아니라고 말해주는 그림, 누구나 조금씩은 내면의 충돌과, 균열과, 분열을 일삼으며 살아가니 세상의 모든 근심과 걱정을 혼자 짊어진 사람처럼 생각의 늪에 가라앉지 말고, 부디 적당히는 가볍게 살아야 한다고, 그래야 삶이 걸음을 멈추지 않는다고, 내게는 그렇게 말해주는 그림.

---

* 프랜시스 베이컨(Francis Bacon, 1909~1992)의 자화상 연작. 베이컨은 1970년대 초 한 프랑스 예술지에서 생존해 있는 가장 영향력 있는 작가 1위에 선정되기도 했다. 그때는 피카소, 앤디 워홀, 마크 로스코, 요셉 보이스와 같은 예술가들이 모두 살아 있던 시기였다.

몸의 시간

 봄으로 가는 짧은 길목에서 나는 또다시 발자국을 뒤돌아본다. 지난 몇 년이 마음에 몰입했던 시간이었다면 지금은 온전히 몸에 의지한 시간을 보내고 있다. 체력이 고갈되는 것을 예방하기 위해 주기적으로 몸을 단련하고, 잠을 재우고, 식량을 먹인다. 내 몸이 내가 사육하는 한 마리 동물인 것처럼 다루고 있는데, 우선은 몸이 노동을 버텨낼 수 있는 적정선까지만 움직이게 하고, 그렇지 못하면 다시 몸을 쉬게 하는 작업을 반복하고 있다.

 이전에는 무리가 없었던 활동량에도 피로가 누적되는 것을 보면 지난 팬데믹 동안 몸을 제대로 돌보지 않았던 대가를 혹독히 치르고 있는 셈이다. 고갈된 체력은 무기력을 동반하기 마련이고 마침내 마음마저 돌볼 수 없는 악순환이 반복된다. 마음을 돌보는 건 결국 몸이다. 물론 그 반대도 성립하겠지만 지금은 몸에 전념해야 할 시기이다.

이 길목을 건너고 따뜻한 기운이 불어오면 예전처럼 체력을 회복해서 조금 더 많은 곳으로 산책을 떠날 수 있기를.

---

* 장거리 비행을 다녀오면 어김없이 몸살을 앓았고, 자연스레 그다음 비행은 연차로 대신하는 날들이 반복되었다. 결국 한 달 동안 배정받은 스케줄의 절반도 소화해 내지 못하는 상황이 이어졌다.

정직한 예감

몸과 마음은 긴밀하게 연결되어 있어서 한쪽의 변화가 대부분 다른 한쪽에도 영향을 끼친다. 가식이 아닌 이상 그 변화는 숨길 수 없고 거스를 수도 없다. 불안과 우울을 앓고 있는 요즘의 나는 매 순간 반성하는 사람처럼 조용히 몸을 움직이고, 비행 근무로 해외에 체류할 때면 무리해서라도 바깥의 거리를 많이 걷는다.

유명한 관광명소뿐만 아니라 작은 시골 마을의 골목까지 골고루 걸으며 최대한 많은 장면을 카메라에 담아둔다. 그럴 때마다 왠지 뒤에 남겨진 모든 발자국이 작별 인사처럼 애틋하다. 어쩌면 승무원으로서의 삶이 얼마 남지 않았다는 걸 몸과 마음이 먼저 눈치채고 끝을 준비하기 시작한 걸까. 몸이 보낸 신호 덕분에 처음 병원에 찾아갔던 것처럼 생각보다 몸은 언제나 예리하고 정직하다.

물론 사람의 앞날은 모르지만 무엇보다 지금은 몸과 마음을 내가 일하는 환경과 잠시라도 분리할 필요가 있다는 것 정도는 안다. 사람과 감정이 범람하는 불규칙한 일상은 지금의 나를 돌보는 일에 도움을 줄 수 없다. 몸과 마음. 둘은 연결되어 있으니 한쪽이라도 먼저 회복을 시작하면 다른 한쪽도 자연스레 회복의 길로 들어서지 않을까.

사람의 일

 사람의 사사로운 일 따위에는 관심조차 없다는 듯 분홍빛 노을은 아름다울 뿐이었다. 모든 일이 그 아래에서는 작은 먼지에도 미치지 못할 텐데 정작 사람은 그 작은 일로 매 순간 삶의 기로에 선다. 지금 눈앞에 발생한 일이 삶의 전부인 것처럼 그것을 제외한 다른 삶의 가능성을 외면한다. 멀리서 바라보면 단지 계단 하나를 오르고 내리는 것처럼 사소한 일이라는 걸 알 수 있겠지만, 사람은 사람이기 때문에 자신의 일상과 선택을 멀리서 관조할 수 없다. 그렇기 때문에 사람은 이렇게 복잡하게 살아가겠지. 자연은 아름답고, 사람은 잘 모르겠다.

멈춤의 시간

　장마의 계절과 또 다른 긴 휴식의 시작. 다시 껍데기를 벗고 온전한 나로 돌아갈 시간이다. 마음과 정신의 회복을 위한 휴식이지만 결국은 원하는 삶을 살기 위한 연습이 될 듯하다. 비에 젖은 숲길을 산책하며 걸음마다 그동안의 나를 조금씩 흘려보낸다. 뒤돌아보는 일도 습관이 되면 자신의 미래를 갉아먹는 괴물이 되기 마련이니까. 지나치게 많은 생각과 걱정은 숲길에 모두 뿌려두고 지금은 눅눅한 바람과 끈적한 공기만을 느끼며 걸을 뿐이다. 긴 휴식의 끝에는 오직 나로서만 존재하기를 바라는 마음으로.

---

* 병휴직의 시작. 충분한 시간을 보내며 몸과 마음을 돌보기로 결심했다. 너무 먼 미래의 일은 생각하지 않고, 우선은 현재에만 집중하기로 했다.

숲길

 숲길. 동네에서 유일하게 좋아하는 곳. 소란하고 번잡한 거리를 벗어나 언덕을 오르면 온 동네의 풍경이 한눈에 펼쳐진다. 멀리서 보면 모든 게 작고 고요하기만 한데 그 속의 나는 무엇을 위해 그토록 초조하고 조급했는지.

 숲길. 사계절 내내 질문 없이 나의 무력함과 공허함을 받아주던 곳. 수련과 의식처럼 같은 길을 날마다 걷다 보면 생각과 고민으로 무거웠던 몸과 마음이 조금은 홀가분해진다. 마치 산책로의 나무들이 몰래 가지를 뻗어 내 몫의 무게를 함께 짊어지는 것처럼.

 언젠가 이곳을 떠나는 날이 찾아온대도 아쉬움은 없겠지만, 이따금 분명 이 동네가 그리워질 것은 바로 숲길의 존재 덕분일 것이다. 많은 날들에 내 마음 숨 쉬게 했고, 내일의 희망을 품게 했던. 숲길.

한낮의 산책

 오늘의 산책에서 나는 우리 동네에서 가장 느리게 걷는 사람이었다. 한낮의 숲길에는 대부분 어르신들과 강아지들뿐이었는데 나는 그들보다 훨씬 더 느린 속도로 숲길을 걸었다. 천천히 걷다가 자꾸만 멈춰서서 연둣빛 나무를 한참 올려다보는 내가 신기했는지 어르신들은 나를 앞질러 가다가도 신기한 눈빛으로 뒤돌아봤다. 초여름의 나무가 품고 있는 푸릇함은 뙤약볕에 피부가 붉게 그을리는 것도 잊게 할 만큼 아름다웠다.

 산책로를 크게 돌면서 내게는 낯설기만 했던 한낮의 여유를 느꼈다. 일부러 건강을 위해 햇볕을 쬐러 잠시 대낮에 산책을 나섰던 건데 마침 지금은 숲길이 밤보다 낮에 더 아름다운 계절이었다. 몸과 마음에 활력을 되찾을 날까지, 그리고 그 이후에도 숲속의 산책을 일상의 루틴으로 만들겠다고 다짐했다. 어르신들 틈에서 뒷짐을 지고 천천히 걷다 보니 어쩐지 조금 이상한 기분이 들었지만, 언젠가 먼 훗날의 내 모습을 미리 연습해 본다고 생각하니 이내 마음이 편안해졌다.

 누구에게도 기대지 않고, 누구와도 비교하지 않고, 온전히 나만의 속도와 태도로, 지금은 세상에서 가장 느리고 나태한 걸음으로, 다시 내 마음과 내 몸으로 돌아가고 있다. 때가 되면 다시 내가 할 수 있는 일들을 시작하거나 그렇지 않으면 조금 더 쉬어도 대수롭지 않을 듯하다. 중요한 건 오늘. 초여름의 푸릇함이 아름답다고 느낀 건 아주 오랜만이었다. 당분간은 이렇게 한낮에도 깊은 밤에도 수많은 사람 틈에서 자주 나무를 올려다보며 일상을 살아가야겠다.

초기화

 짧지도 길지도 않았던 삶의 흔적들을 미련 없이 내려놓고, 모든 것을 처음부터 다시 배우기로 한다. 다시 태어날 수는 없어도 다시 배울 수는 있을 테니까. 섣불리 혼자 정의하려 했던 모든 것들. 사람과의 관계와, 사람의 마음과, 그리고 사람의 삶까지도. 한없이 단순하고 복잡한 것들. 때로는 절망과 체념이었지만 대부분 희망과 도전이었던. 아주 오랜 시간이 흐른 뒤 그 끝에는 무엇이 있을까. 설령 아무것도 없어도 괜찮다. 지금은 단지 정화와 재생의 시간.

회복의 다짐

 결코 실패하지 않겠다는 각오. 이번에는 기필코 뭔가를 이뤄내겠다는 결심. 성실함 만큼 차오르는 기대와 희망.

 어쩌면 그것은 절대로 망하지 않겠다는 마음이거나, 망하면 돌이킬 수 없다는 두려움 같은 것인데, 모순되게도 그 망하지 않겠다는 마음이 오히려 마음을 옥죄여 병들게 하고, 급기야 마음을 송두리째 망가뜨린다.
 상담 선생님은 근심으로 가득한 나를 바라보며 말씀하셨다.
 망하면 그때부터 새로 시작하면 된다고.
 물론 누구나 할 수 있는 진부한 말이었고, 단순히 보통의 업무를 처리하는 듯한 사무적인 말처럼 들리기도 했다. 하지만 그 흔한 말을 사람에게 육성으로 듣는 것과, 단지 알고 있는 것 사이에는 극명한 괴리가 있었다.

삶을 향한 지나치게 뜨거운 정성이 때로는 자신의 삶을 태운다. 길을 잃었음을, 지쳤음을 인정하는 순간부터 회복의 시작이다. 회복을 위해 담대하게 누군가에게 손을 내미는 것부터가 극복의 시작이다. 나는 엇나간 방식으로 이 시기를 외면하거나 방치해 두고 싶지는 않다. 조급함을 내려놓고 주저앉은 마음 옆에 나란히 앉아서 기다릴 작정이다.

내 마음이 다시 나를 바라봐 줄 때까지.

상자의 풍경

상자를 열면 펼쳐지는 풍경.

편지는 물론이고 구겨진 쪽지 하나, 올이 풀린 리본 하나 잃어버리지 않고 간직하고 있다. 모두 정확히는 기억할 수 없어도 편지를 건네받던 장소와 장면과 얼굴들은 제법 선명하게 떠오른다. 이전에도 한 번 상자를 열고 그동안의 편지들을 다시 읽어본 적이 있었는데, 나 같은 사람에게 고마움을 전하는 마음들을 감당할 수 없어서 차마 다 읽진 못하고 상자를 닫고 말았다.

그러다 오늘. 맑은 봄날에 다시 한번 상자를 열었다. 편지들을 다 읽는 데에는 생각보다 오랜 시간이 걸렸다. 무언가를 빠르게 찾기 위한 읽기가 아닌 그곳에 푹 잠기기 위한 읽기였기 때문일까. 그때는 알지 못했다. 아무렇지도 않게 건네받아 왔던 이 편지들이 몇 달 뒤 혹은 몇 년 뒤 내 삶에 무기력이 찾아올 때마다 나를 살게 하는 끈이 되어줄 것이라고는.

편지들은 나를 놓아주지 않았고, 나도 편지들을 놓지 않았다. 이렇게 많은 마음을 받아놓고도 세상에 투정만 부리는 나는, 부족하다고 더 많은 걸 갈구하는 나는 얼마나 염치없는 사람인가.

언젠가 선물로 받았던 이문재 시인의 시집에는 계란탕처럼 순한 봄날이라는 표현이 나오는데, 내게는 이 편지들이 그렇다. 계란탕처럼 순하고 맑은, 무해한 사건들이자 흔적들이다. 시기적절하게 상자를 열었던 오늘의 우연에 감사하며, 상자 안의 마음들을 지금보다 더 오래 간직하기 위해 기록으로 남겨둔다.

서툰 감사와 축복의 마음을 함께 담아서.

산책의 마음

(1)

시간에 쫓기지 않고 일부러 멀리 돌아가는 날들. 늘 걱정이 앞서 미래를 먼저 살아가느라 주변을 둘러보지 못한 내게 산책은 그 자체로 삶의 쉼터가 되어 지금까지와는 다른 풍경을 선물해 준다.

어느 길로 돌아가는 것인지는 모르겠지만, 지금 두 발로 걷는 이 과정이 제법 화창하고 푸릇하다. 마음만 조금 내려놓아도 평소와는 다른 것을 보고 다른 하루를 산다.

어쩌면 모든 것은 마음의 문제.
마음이 곧 시작이고 끝 또한 마음.

(2)

 누군가 정해놓은 행복의 기준을 충족하기 어려운 시대. 세상 속 우리는 거대한 성벽 앞의 초라한 풀잎처럼 자꾸만 작아지고, 그렇다고 막연한 긍정과 희망을 품고 싶진 않은데. 이뤄질 가능성이 희박한 일에 기대어 살면 현실은 불만으로 가득해진다.

 바람이 불어오는 한적한 숲을 거닐며 생각에 잠겼다. 욕심 같은 거 조금만 내려놓고 싶다고. 행복이 무엇인진 여전히 잘 모르겠지만, 더는 다른 사람들과 비교하며 초라해지기 싫다고.

 그래도 지금까지 작은 내 삶을 충실히 이끌어왔는데. 이제는 나부터 다독여 줘야겠다고.

(3)

 휴식이 없으면 다음으로 넘어갈 수 없다. 열망과 끈기도 찰나의 멈춤이 없으면 누적되고 적체되어 한순간 댐처럼 무너져 내린다. 쓸려가는 일상에서는 올곧은 판단을 내릴 수 없고, 멈춤이 지체될수록 회복기가 길어진다. 젊음의 패기로 휴식을 소모와 소진으로 치부하던 날들을 떠나보내고, 이제는 모든 멈춤과 각성으로 휴식을 받아들일 시간이다.

 다음으로 건너가기 위해 과거로 돌아간다.

(4)

 밀린 빨래를 몰아서 하듯 그동안 세심하게 돌보지 못한 나의 일상을 하루씩 깨끗이 빨아서 널고 있다.

 일상에 새카만 때가 묻기 시작한 건 언제부터였을까. 몰랐다고 둘러대기에는 나는 날마다 내일의 일상만 차려입고 어제의 일상은 벗어서 그대로 빨래 바구니에 던져둔 채 오랫동안 살펴보지 않았다. 그렇게 흐른 시간이 오늘의 밀린 빨래를 만들어 낸 걸까.
 목적이 있는 휴식은 온전한 휴식이 될 수 없다고 하는데, 목적을 모두 지운 휴식을 내가 잘 해낼 수 있을까. 우선은 이렇게 계속 빨래 바구니를 뒤적이며 지난 일상을 하나씩 깨끗이 빨아 너는 수밖에.

 어느새 따뜻한 봄의 한가운데다.
 빨래가 미련없이 바짝 마를 계절이다.

(5)

휴양지의 평화로운 산책길.

그곳에서 마주친 사람들을 바라보며 여유로운 삶에 관한 막연한 부러움과 동경심을 갖다가도, 대부분의 그들 또한 각자의 휴식을 마치면 나와 다를 것 없이 분주한 일상으로 돌아가야 한다는 사실을 가까스로 떠올린다.

현실을 살아가면서도 소셜미디어처럼 비좁은 사각 프레임을 통해 세상의 일부만을 바라보며 그것이 진실이고 전부라고 믿는 일을 경계하려 한다. 근사하고 행복해 보이는 장면들에 사로잡히면 나만의 고유한 행복에 만족하지 못한 채 자신의 일상을 한없이 형편없는 날들로 받아들인다.

바다와 숲을 걸으며 끊임없이 생각한다. 행복은 생각의 전환과, 생각의 비움에 달려있다고.

(6)

불안을 잠재우고 쉬는 감각을 기른다.

다른 가능성을 모색하기 위한 휴식이 아닌 말 그대로 모든 걸 멈춰보는 휴식을 시도해 보면서. 조금 덜 생각하고, 덜 고민하며, 덜 성실하게 살아야만 내가 온전히 살아갈 수 있다면, 몇 달이든 몇 년이든 지난날의 나를 잠시 지워두고 냇물 위의 나뭇잎처럼 기약 없이 흘러가 보는 것도 좋겠다.
그동안 미래의 시간을 무작정 당겨쓰는 삶을 살았으니 지금은 함부로 소진한 시간을 반만이라도 반납해야 할 때이다.

(7)

 어쩌면 그리워하게 될까. 일상이었던 환경과 사람들이. 그리고 불안과 불면마저도. 나는 이 직업을 그리워하게 될까. 흘러간 시간은 대부분 미화되고 사람은 그리움에 취약할지라도. 나는 다시. 한때의 자랑이었지만 그만큼 몸과 마음 앓게 했던 이곳을. 온 마음으로. 그렇게 그리워하게 될까.

(8)

 가만히 앉아 책을 읽고, 영화를 보고, 메모를 기록하던 날들을 잠시 뒤로한 채 요즘은 두 발로 나를 일으켜 어디로든 데려간다. 그 정적이고 얌전했던 시간들을 뒤늦게 다른 방식으로 보상받으려는 것처럼 무작정 낯선 환경으로 나를 밀어낸다.

 목적지를 정하지 않고 일부러 미로처럼 걷다 보면 어쩐지 목적지가 분명할 때와는 시야도 감각도 사뭇 달라진다. 갈 곳을 정해두지 않았다는 건 발걸음이 닿는 모든 곳이 경유지가 되는 동시에 모든 곳이 목적지가 된다는 말과도 같다.

 나는 이제야 점을 찍어둔 목적지만을 향한 맹목적인 잰걸음을 멈추고, 비로소 지도 밖의 풍경을 둘러보는 여유를 배우고 있다. 새로운 마음으로 다시 배워가는 인생의 의미가 달가운 날들이다.

(9)

　신록의 계절. 날마다 푸르고 밝은 곳으로 걷는다. 머리 위로 햇볕은 내리쬐고 어느새 땀방울이 목덜미를 타고 흐른다. 숲길에서 한낮의 산책을 시작한 지도 벌써 두달 째. 처음에는 산책로를 두 바퀴만 걸어도 금세 체력이 바닥나곤 했는데 지금은 네 바퀴를 걸어도 숨이 가쁘진 않다. 꾸준히 걷다 보니 그동안 체력이 많이 좋아졌나 보다. 덩달아 마음도 조금씩 밝아지는 중이다.

　요즘은 책을 읽는다거나 영화를 감상할 때도 일부러 너무 심오하고 우울한 작품들은 피하고 있다. 그건 음악을 들을 때도 마찬가지. 마음이 취약한 상태일수록 우울과 절망의 매력에 쉽게 전염되기 마련이니까. 삶에 대한 강렬한 의지 덕분인지 생각보다 마음이 빠르게 회복되고 있다. 물론 방심은 금물이겠지만 그래도 안도의 한숨 정도는 쉬어봐도 될까.

　계속해서 푸르고 밝은 곳으로 걷자. 우울과 절망의 매력에 사로잡히지 말고.

루틴의 행복

 당신의 행복은 어디에서 출발하는지 묻는다면, 나의 행복은 스스로 선택하고 수정해 온 일상의 루틴을 지켜나가는 뿌듯함과 발전에서 출발한다고, 이제야 주저 없이 답할 수 있게 되었다.

 행복은 너무 추상적이었고, 자기 착취의 삶을 사는 나는 행복이 곁에 있어도 눈길 줄 여유조차 없었다. 그래서 정해둔 루틴을 지켜나갈 때 마음에 차오르는 감정의 정체가 무엇인 줄도 몰랐지만, 돌이켜보니 그 무엇보다 중요한 행복이었다는 것을 뒤늦게 깨달아간다.

 다만 내게는 루틴을 지켜나갈 때 한 가지 조건이 붙는다. 루틴이 지켜야만 하는 의무가 아닌 나아가고 싶은 방향이 되어야 한다는 점이다. 방향이 없으면 루틴의 행복이 어느새 따분한 반복으로 변하고 말 테니까.

더 늦더라도 상관없으니 지금은 그것을 천천히 하나씩 체험해 보며 진짜의 나와 친해질 시간이다.

작지만 중대한 변화의 시작을 환영하며.

조용한 대답

 시간이 흐를수록 해가 바뀌는 것에 많은 의미를 부여한다는 건, 이제는 평범한 기준에 기대고 싶은 마음 탓인지도 모른다. 달력은 아무런 의미가 없다는 차가운 냉소보다는 올해도 탈 없이 살아냈다는 최소한의 위안이 필요했을지도.

 앞으로는 이듬해의 목표를 높게 잡을지라도 앞만 보며 질주하고 싶지는 않다. 대신 목표를 향해 가는 수많은 길목의 크고 작은 풍경과도 충분히 어우러지는 삶을 살고 싶다. 길을 걷다 오래된 벤치를 발견하면 잠시 앉아서 숨을 돌리기도 하고, 우연히 마주친 낯선 사람과 한가롭게 대화를 나눠보기도 하면서. 누구도 재촉하지 않는 길 위에서 애써 누군가를 의식할 필요도 없이. 그렇게 나만의 길을 걷고 싶다.

 산책하는 마음처럼 여유롭고 자유롭게.

지난날

 돌아보면 모두 평범한 날들이었네. 한때의 절실했던 마음도 결국 평범함으로 남는다는 건 세월의 허무함일까. 혹은 인생의 아름다움일까. 평범하고 조용한 하루가 오늘도 이렇게 쌓인다.

산책자의 발자국

 생각이 많은 사람은 누구나 우울한 철학자가 된다는 말이 있다. 더군다나 생활의 반경이 비좁고 타고난 기질도 예민한 나와 같은 사람에게 생각이란 안에서 잠긴 문과도 같았다. 생각은 끊임없이 다른 생각을 물어왔고, 생각에 파묻힌 사람은 열쇠를 쥐고도 생각에서 벗어날 수 없었다.

 행동하지 않는 생각은 사람을 잡아먹는다. 생각하는 대로 살지 않으면 사는 대로 생각하게 된다는 문장을 오래전부터 삶의 신조로 삼아왔지만, 돌이켜보면 나는 생각만 했을 뿐 생각대로 살지는 않았다. 그 문장의 방점은 생각이 아닌 행동에 찍혀 있었다는 걸 알면서도 모르는 척했다.

 만약 그때의 내가 생각을 덜어낼 방법을 알았더라면 지금처럼 글을 쓴다거나 책을 만들 일도 없었겠지만, 어쩌면 그편이 단순하고 평범한 행복에 조금 더 가까운 삶이었을지도 모르겠다. 인생을 구태여 무겁고 복잡하게 살 필요는 없을 테니까.

그리하여 이제는 생각대로 행동할 차례이다. 선택 앞에서 걱정으로 망설이던 내게 드디어 그날이 찾아왔다고 용기를 북돋아 줄 일만 남았다. 지금은 우울한 철학자의 옆자리보다는 무작정 두 발로 세상을 걷는 산책자의 발자국을 뒤따르는 편이 좋겠다.

무엇보다 나 자신으로 살아가기 위해서.

조용한 하루

Copyright ⓒ 2023 by 오수영

1쇄 발행	2023년 10월 23일
4쇄 발행	2025년 03월 17일

글	오수영
편집	오수영
디자인	오수영

발행처	고어라운드
출판등록	2021년 4월 12일 제 2021-00000025호
전자우편	grd-books@naver.com
팩스	0504-202-9749
ISBN	979-11-980900-1-0 (03800)

*책의 일부 또는 전부를 재사용하려면 반드시 저작권자와 고어라운드 출판사 양측의 동의를 얻어야 합니다.
*잘못된 책은 구입하신 서점에서 교환해드립니다.